Hans Horst Fröhlich

Der Naturgarten des Sebastian Kneipp

mit 315 Naturfarbfotos

Der Naturgarten des Sebastian Kneipp

Herrn Senator h. c.
Luitpold Leusser
zum 5. April 1993
gewidmet

Inhalt

Vorwort   7

Der Kräuterschatz des Sebastian Kneipp   10–163
blüht in und um Bad Wörishofen
Farbfotos und Beschreibungstexte

Pflanzenverzeichnis   165–168

Versteh doch die Sprache der Pflanzen!   169
(Hinweise zur Wirkung und Anwendung)

Wenn's stürmt und schneit.   170
– Husten, Schnupfen, Heiserkeit –

Wenn die Grippewelle anrollt.   172
– Erkältungskrankheiten –

Wenn's im Kreuz zieht und zwackt.   174
– Rheumatische Erkrankungen –

Neuer Saft und neue Kraft.   176
– Frühjahrs-, Herbst-, Wochenendkur zu Hause –

„Mir liegt etwas im Magen".   178
– Akute Magenbeschwerden –

„Ich habe überhaupt keinen Appetit".   179
– Chronische Magenbeschwerden –

Heilkräuter „für die Winde"   181
– Völlegefühl, Blähungen –

Den Darm erziehen und nicht verziehen.   183
– Verstopfung, Darmträgheit –

„Diarrhoestillpillchen"   185
– Durchfallerkrankungen –

„Bitter wie Galle".   186
– Galle- und Leberbeschwerden –

Herzliche Heilkräuter.   188
– Herz- und Kreislaufbeschwerden –

„Ich habe heute Nacht keine Minute geschlafen!"   191
– Schlaflosigkeit, Nervosität, Depressionen –

„Das geht an die Nieren".   193
– Nieren-Blasenbeschwerden –

Eine „reizende Blase"   195
– Reizblase – Prostatabeschwerden –

„Schwere Beine"   196
– Venöse Beschwerden –

„Jungbrunnen Natur?"   198
– Vorbeugung, Altersbeschwerden –

„Die Kräuter sind zum Baden da!"   200

Literaturhinweise   203–204

VORWORT

Was heißt Schicksal, was heißt Zufall, was heißt Fügung? Der Lebenslauf hat Sebastian Kneipp nach Bad Wörishofen gebracht, einem Ort, der auf den ersten Blick so ungeeignet wie nur irgend möglich für die Entwicklung einer sich international durchsetzenden Kneipp-Gesundheitslehre erscheint.

Ein Bauerndorf, kaum größer als ein Flecken, nahm den aus Stephansried stammenden Bauern- und Webersohn, inzwischen zum Pfarrer emporgestiegen, auf, von seinen Vorgesetzten beauftragt, das Dominikanerinnenkloster zu betreuen.

Es kam ein schon damals passionierter Menschenfreund und Naturheiler in den unbekannten Ort am Wettbach. Doch siehe da, für den ungewollten Prediger des gesunden Lebens und für einen vielbekämpften Fürsprecher einer naturgemäßen Heilweise erwies sich Wörishofen als der ideale Ausgangspunkt. Für die Kneipp-Heilweise und den Kneipp-Gesundheitsgedanken waren zwei Dinge in erster Linie notwendig, das klare Wasser und die mild wirkenden Arzneipflanzen. Daß es dann noch im Ort möglich war, einfache Kost herzustellen, und durch die flache Lage für jedermann Spaziergänge in reiner Luft möglich wurden und es Ruhe gab im Allgäuer Flecken, vervollständigte die fünf Quellen für das „So sollt ihr leben" und wenn man will, auch: „So sollt ihr heilen."

Das noch völlig unbekannte Dorf barg alle Möglichkeiten in sich, um die Grundgedanken der Kneipp-Heilweise zu verwirklichen:

> Das Einfache ist of das Wirksame,
> Das Milde ist oft das Starke,
> Das Einfühlsame ist oft das Nachhaltige,
> Das Natürliche ist oft das Erfolgreiche.

„Jahrelang habe ich ausschließlich mit Kräutern und weniger mit Wasser kuriert und dabei die schönsten Erfolge erzielt."

Angeregt durch die traditionelle Selbstbehandlung auf dem Lande, die Sebastian Kneipp durch seine Mutter überliefert bekam, vermehrt durch das Studium alter Kräuterbücher, von denen wir eines mit Sicherheit vom Namen her wissen – Sebizius Bock –

und unterstützt durch seinen Apothekerfreund Leonhard Oberhäußer, vom Beruf her ein Freund der Arzneipflanzen, wurden die Naturarzneien, die Tees, die Pflanzensäfte, die Kräutertabletten, die Kräuterbäder in seine Naturapotheke aufgenommen. Es wäre alles viel schwerer gewesen, wenn nicht die nähere und weitere Umgebung von Wörishofen selbst eine reiche Flora besitzen würde. Die Pflanzenwelt des Unterallgäus, bereichert durch die mit der Schneeschmelze herunterkommenden Kräuter der Alpen, vermehrt durch die herrliche Wunderwelt der Moorpflanzen, bot dem Naturheiler unmittelbar am Ort seines Wirkens sich selbst dar.

Kneipp konnte die Arnika noch in unmittelbarer Nähe finden, das Tausendguldenkraut, den gelben Enzian, die Schafgarbe, den geheimnisvollen Türkenbund, den Faulbaum und Weißdorn. Es langt das Vorwort nicht, sie alle aufzuzählen.

Herrn Apotheker Dr. Fröhlich ist es zu verdanken, daß wir die Naturschätze in einem Buch festhalten können, die Pflanzen, die heute noch der Kurgast auf seinen Spaziergängen findet und dabei das Wort von Sebastian Kneipp erkennen kann:

> „Mit jedem Schritt und Tritt, welchen wir in der herrlichen Gottes Natur machen, begegnen wir immer wieder neuen Pflanzen, die für uns höchst nützlich und heilbringend sind."

Außerdem soll das Pflanzenwerk mithelfen, den Wunsch des großen Gesundheitslehrers zu erfüllen, die vergessenen Kräutlein wieder zu Ehren zu bringen.

Luitpold Leusser

Dem Fröhlichen
ist jedes Unkraut eine Blume,
dem Betrübten
jede Blume ein Unkraut.

Finnisches Sprichwort

Frühling

Nach den im Unterallgäu oft schönen, aber kurzen Wintertagen sehnt man sich ab März nach den wärmenden Strahlen der Frühlingssonne. Dankbar entdeckt man die ersten Frühlingsboten wie die **Frühlingsknotenblume** *(Leucojum vernum)*. Diese duftende Schwester des Schneeglöckchens wird auch Märzenbecher genannt.

Farbe in den Frühlingsblütenteppich in den Vorgärten bringt der ursprünglich im Orient beheimatete **Krokus** *(Crocus sativus)*. Das als Gewürz und Arzneimittel gebrauchte, offizinelle Safranpulver erfreute sich bereits im Altertum im Mittelmeerraum als Farbstoff und Würzmittel großer Beliebtheit. Beim angebauten Safran werden im Oktober die ganzen Blüten kurz nach dem Aufblühen abgepflückt und dann die Narben und Narbenschenkel mit dem Griffel herausgenommen. Der nur schwach gefärbte Griffel wird entfernt. Nach dem Trocknen gewinnt man so aus etwa 200 000 Blüten 1 kg Safran. Dies erklärt den hohen Preis und die vielfältigen Verfälschungen z. B. mit Ringelblumen-Zungenblüten. Verwendet wird der Safran heute nur noch als leicht bitter schmeckendes Färbemittel in der Küche: „Safran macht den Kuchen gel." Zu große Mengen verursachen Krämpfe und Koliken.

Der zu den Hahnenfußgewächsen gehörende, am Ende des Winters zitronengelb blühende **Winterling** *(Eranthis hiemalis)* enthält herzwirksame Stoffe, die in größerer Menge giftig sind. Die Blüten erscheinen vor den handförmig gefiederten Blättern.

Ebenfalls herzwirksame Inhaltsstoffe enthalten die Zwiebeln des **Blausterns** *(Scilla bifolia)*. Diese Zwiebeln lassen sich leicht in Blättchen auftrennen. Deshalb gab ihnen der Botaniker Linné das griechische Wort für „spalten, trennen" als Gattungsnamen: Scilla. In der Natur wächst der Blaustern in warmen Buchenwäldern. In therapeutischer Menge behandelt der Arzt mit den Inhaltsstoffen von Scilla-Arten Herzschwäche und Herzrhythmusstörungen. Überdosiert greifen die Wirkstoffe Magen-Darm-Kanal, Nieren und Bronchien an. Die bekannteste, verwandte Arzneipflanze ist die Meerzwiebel aus dem Mittelmeerraum.

1.
Frühlingsknotenblume

2.
Krokus

3.
Winterling

4.
Blaustern

1

2

3

4

Oft noch schneebedeckt, wächst aus einer Zwiebel, in die sich nach dem Verblühen ihr „Leben" wieder zurückzieht, mit einem ein- bis zweiblütigen Stengel das **Schneeglöckchen** *(Galanthus nivalis)*. Zunächst im Garten kultiviert, ist die Pflanze heute zum Teil in Wäldern und Hainen verwildert. Da sie „außerhalb der Zeit" blüht, heißt sie auch „Echte Zeitlose" oder scherzhaft „Jungfer im Hemd".

Wie der **Persische Ehrenpreis** *(Veronica persica)* hat sie keine Bedeutung als Heilpflanze, im Gegensatz zu den strahlend gelben, an Bachrändern und feuchten Auen blühenden Hohen bzw. Wald-**Schlüsselblumen** *(Primula elatior)*. Ihren Namen verdankt „die im Frühjahr zuerst Blühende (Primula veris)" dem einem Schlüsselbund gleichenden, seitlich geneigten Blütenstand. Daher ranken sich auch viele Märchen und Sagen um die von Nixen und Elfen beschützte Pflanze als Himmelsschlüssel. Medizinisch verwendet werden die Wurzeln und schwächer wirkenden Blüten. Im Gegensatz zu den naturgeschützten Wurzeln dürfen die Blüten gesammelt werden. Der grüne Blütenboden sollte mitgezupft werden, da sich hier die wirksamen Inhaltsstoffe, seifenähnlich schäumende Saponine, angereichert haben. Bereits in den Kräuterbüchern des 16. und 17. Jahrhunderts erwähnt, wird Primelwurzel Husten- und Bronchialtees als schleimlösender Bestandteil zugesetzt. Gerade bei chronischer Bronchitis und Altershusten hat sich diese Droge bewährt, da die Saponine zähflüssigen Bronchialschleim vermehren und verflüssigen. Aus den Wurzeln läßt sich Niespulver herstellen.

Die **Kornelkirsche** *(Cornus mas)* liebt trockene Wälder und Feldfluren. Die gelben Dolden aus vierzähligen Sternenblütchen zieren lange vor den Blättern den bis zu 5 m hohen Strauch. Ab Juli reifen eßbare, rote, kirschenähnliche Steinfrüchte. Sie schmecken säuerlich und heißen im Süddeutschen „Dirndln". Das harte Holz – daher auch der Name Gelber Hartriegel – wird für Drechslerarbeiten geschätzt. Odysseus und Romulus sollen der Sage nach Kornellanzen geschwungen haben.

5.
Schneeglöckchen

6.
Hohe Schlüsselblume

7.
Persischer Ehrenpreis

8.
Kornelkirsche

Zahlreiche Anemonenarten wachsen wild oder sind leicht aus Samen zu ziehen. Ihr Name mag vom griechischen „anemos", d. h. „der Wind", abstammen. Über seine Bedeutung vermutete man im 16. Jahrhundert, daß die Blüten zum Öffnen den Wind brauchen. Im Frühjahr ist der Waldboden bedeckt mit **Buschwindröschen** *(Anemone nemorosa)*. Enttäuschend schnell verwelkt ein gepflückter Strauß. Die Pflanze „wandert" langsam, da der unterirdische Wurzelstock am hinteren Ende abstirbt und am vorderen Ende wächst.

Außer mit der Rose verbinden das Veilchen wohl die meisten romantischen und poetischen Gedankenverbindungen aller Blumen. Während man bei den Griechen die Särge mit dieser Blume schmückte, gilt sie bei uns als erster Frühlingsbote und als Künder neuen Lebens. Veilchen wachsen unauffällig im Verborgenen und gelten als Sinnbild der Bescheidenheit. So läßt Goethe das Veilchen sagen: „Ich steh verborgen und gebückt und mag nicht gerne sprechen." Im Gegensatz zum wohlriechenden Märzveilchen und dem Waldveilchen duftet das **Hundsveilchen** *(Viola canina)* nicht. Die Pflanze kriecht mit Ausläufern weiter, die erst nach 2 Jahren blühen. Fruchtkapseln entwickeln sich nicht aus den Frühlings-, sondern aus sogenannten „nützlichen" Sommerblüten, die von Ameisen gerne verschleppt werden. Kandierte Veilchenblütenblätter werden als süße Verzierung von Torten verwendet. Wurzeln und Wurzelstöcke sind brechenerregend und auswurffördernd.

Das zu den Hahnenfußgewächsen gehörende **Leberblümchen** *(Anemone hepatica)* wird wegen seiner frühen Blütezeit auch „Vorwitzchen" genannt. Seinen Namen hat es den leberförmigen Blättern zu verdanken. Abends „schläft" die Blume, indem sie die Köpfchen schließt und hängen läßt.

Dottergelbe Blüten und bevorzugtes Wachstum in sumpfigen Wiesen haben der **Sumpfdotterblume** *(Caltha palustris)* ihren Namen gegeben. Auffallend sind die langgestielten, dunkelgrünen, herzförmigen Laubblätter der schwach giftigen Pflanze, die fettig glänzen. Ihre Verbreitung geschieht durch Samen, die auf dem Wasser schwimmen. Früher wurden die Blütenknospen in Essig eingelegt als Kapern-Ersatz verzehrt. Mehr als 5 Knospen können aber bereits Vergiftungen hervorrufen. Zu hell geratene Butter wurde mit dem gelben Farbstoff der Blütenblätter nachgefärbt.

9.
Buschwindröschen

10.
Hundsveilchen

11.
Leberblümchen

12.
Sumpfdotterblume

9

10

11

12

Ehe der Löwenzahn mit sattem Gelb die Wiesen um Wörishofen ziert, schmückt diese das zartlila **Wiesenschaumkraut** *(Cardamine pratensis)*. Im Badischen heißt es „Himmelsleiterle", da die unpaarig gefiederten Teilblättchen wie Leitersprossen aussehen. Als Kreuzblüter ist die Blüte vierfach angelegt. Die Schaumzikade legt gerne ihre Eier auf der Pflanze mit dem sog. „Kuckucksspeichel" ab. Dies sieht aus, als habe man hineingespuckt.

Mehr verstreut im Wald findet man den **Hohlen Lerchensporn** *(Corydalis cava)*. Seine hohlen Wurzelknollen enthalten manchmal eine dunkelbraune Flüssigkeit, der man fälschlicherweise eine Heilwirkung zuschrieb. Der griechische Begriff „Korydallis" bedeutet „Haubenlerche" und bezieht sich auf das Aussehen der schmutzig purpurfarbenen Blüten, die einen Schopf wie eine Haubenlerche besitzen. Jede Blüte trägt einen füllhornartig gebogenen Sporn.

Sebastian Kneipp stellte einen Frühstückstee zusammen, der seinen Wohlgeschmack den Blättern der **Walderdbeere** *(Fragaria vesca)* verdankt. Jedes Kind erkennt diese Pflanze, die sich ähnlich wie die Gartenerdbeere über oberirdische Ausläufer vermehrt. Auf dem fleischigen Fruchtboden einer Scheinbeere sitzen die Samen als „Pünktchen".

Eine „glänzende Erscheinung", lange bevor der Winter vorüber ist, ist das **Scharbockskraut** *(Ranunculus ficaria)*. Man findet diese Butterblume häufig an feuchten Stellen. In den Blattachseln stehen oft kleine Brutknöllchen. Wegen deren Form empfahlen unsere Vorfahren die Pflanze gegen Hämorrhoiden und Hautleiden, eine Indikation, die aufgrund des hohen, zusammenziehenden Gerbstoffgehaltes auch in der Volksmedizin zu finden ist. Diese gerstenkornartigen Knöllchen wurden von starken Regenfällen oft abgeschwemmt. Der Volksmund sprach dann von „Getreideregen" oder „Himmelsbrot". Der scharfe, leicht giftige Saft sollte Skorbut verhindern. Der Name „Feigwurz" für die Pflanze bezieht sich auf die feigenähnlichen Wurzelknollen. Blütenknospen und Brutknöllchen werden einen Tag in Salzwasser und einen Tag in Estragonessig eingelegt und danach als „Deutsche Kapern" verzehrt.

13.
Wiesenschaumkraut

14.
Hohler Lerchensporn

15.
Walderdbeere

16.
Scharbockskraut

13

14

15

16

Den **Gamander Ehrenpreis** *(Veronica chamaedris)* nennt der Volksmund ironisch „Männertreu", da die blauen Blütchen sehr bald nach dem Pflücken abfallen. Er gehört zur Familie Veronica, bei der aus der Blütenkrone nur zwei Staubgefäße hervorschauen. Diese Rachenblütler weihte man der heiligen Veronika. In Minneliedern wurde die Blume als „Gamandré", der holde Verkünder des Frühlings, besungen. Die Volksheilkunde empfahl den sog. „Europäischen Thée" bei Bronchitis, Asthma, Rheuma und Gicht, Heilanzeigen, die nicht gerechtfertigt sind.

Die wunderschön geformten, pelerinenförmigen Blätter des **Frauenmantels** *(Alchemilla spec)* zieren oft das Haupt von gotischen Madonnen. Daher auch die Bezeichnung „Marienmantel". Taukraut oder Taumantel heißt dieses Rosengewächs mit den unscheinbaren grün-gelben Blütchen, weil im Blattgrund an feuchten Sommertagen „Tauperlen" zu sehen sind. Es handelt sich dabei um überschüssiges Wasser, das die Pflanze selbst ausscheidet. Die früheren Alchimisten hofften mit diesem „tau des Himmels" unedle Metalle in Gold zu verwandeln, daher der Gattungsname Alchemilla. Die Volksheilkunde empfiehlt das Kraut bei Frauenleiden. Heute wird aber nur die Heilanzeige „unspezifischer Durchfall" wegen des hohen Gerbstoffgehaltes und „Magen-Darmstörungen" anerkannt.

Eine weiße Flut von zarten Doldenblüten des **Wiesenkerbels** *(Anthriscus vulgaris)* prägt im Frühjahr die Wiesen von Wörishofen und Umgebung. Die Pflanze hat einen kantigen Stengel und glänzend grüne Blätter, die sehr fein zwei- bis dreifach gefiedert sind. Das Kraut riecht unangenehm und schmeckt leicht bitter. Der Genuß der Pflanze kann leichte Sehstörungen hervorrufen. So deutet der Beiname „Tollkerbel" auf Unscharfsehen wie im Alkoholrausch hin.

Das **Kleine Immergrün** *(Vinca minor)* gilt als Gartenflüchtling aus alten Klostergärten. Ein Ehepaar, das zusammen seine Blätter verzehrte, sollte noch fester miteinander verbunden sein. Vor dem Fenster liegende Kränze des beliebten Frühlingsboten sollten gegen Blitze schützen. 1961 wurde die chemische Formel des Hauptinhaltsstoffes Vincamin aufgeklärt, der in isolierter Form in Tabletten die Gehirndurchblutung selektiv fördert.

17.
Gamander Ehrenpreis

18.
Frauenmantel

19.
Wiesenkerbel

20.
Kleines Immergrün

Der lateinische Name des **Gänseblümchens** *(Bellis perennis)* kommt von „bellus, d. h. hübsch, schön", und „perennis, d. h. ausdauernd." Er zeigt, daß dieser Leckerbissen für Gänse ein nimmermüder Blüher ist und uns das ganze Jahr über begleitet. Die Volksheilkunde verwendet es zu Frühjahrskuren. Aus besonderer Wertschätzung endet sein Name mit dem Kosezusatz „chen".

Der **Sauerklee** *(Oxalis acetosella)* hat zwar wohlausgebildete Kleeblätter, aber nicht die typische Schmetterlingsblüte der echten Klee-Arten. Sein Name bezieht sich auf den hohen Gehalt an Oxalsäure. Da er oft in Buchenwäldern wächst und sauer wie Ampfer schmeckt, nennt man ihn auch Buchampfer. Abends und bei Regen klappt er die Blätter zusammen. Nicht alle Blüten öffnen sich, und die Fruchtkapsel schleudert ihre Samen zur Verbreitung weit weg. Man sollte nur wenige Blätter gegen den Durst kauen, da das enthaltene Kleesalz in größeren Mengen giftig ist.

Bereits im Mai blüht an feuchten Stellen das schöne **Sumpfvergißmeinnicht** *(Myosotis scorpioides)*. Die Pflanze kann bis zu einem halben Meter hoch werden und ist wohlriechend. Der blauen Farbe wegen gilt die Blume als Sinnbild der Treue und Liebe.

Die **Schlehe** *(Prunus spinosa)* ziert bereits im März mit ihren zarten Blüten, die noch vor den Blättern erscheinen, anmutig die Umgebung von Wörishofen. Der langen Dornen wegen nennt man diesen Rosenblütler auch Hagedorn oder Schlehdorn. Ähnlich wie Weißdorn können Schlehdornsträucher bis zu 600 Jahre alt werden. Vielleicht glaubte man deshalb früher an sie als Sympathiemittel gegen Zauber und Krankheit. Die Schlehenfrüchte wurden bereits von den Pfahlbauern der Steinzeit als Nahrungsmittel verzehrt. Sie eignen sich zur Herstellung von magensaftanregendem Mus, Wein oder Schnaps. Schreiner und Drechsler schätzen das sehr harte Holz, das z. B. auch zum Bau von Gradierwerken verwendet wurde. Die Blüten nannte schon Sebastian Kneipp „das schuldloseste Abführmittel". Sie eignen sich daher besonders als mildes Laxans für Kinder.

21.
Gänseblümchen

22.
Sauerklee

23.
Sumpfvergißmeinnicht

24.
Schlehe

21

22

23

24

Das **Essigkrüglein** *(Muscari botryoides)* erfreut uns als einer der ersten Frühlingsboten durch seine leuchtend blauen Blüten. Dieses Liliengewächs ist ursprünglich im östlichen Mittelmeerraum beheimatet und hat sich bei uns auch unter dem Namen „Kleine Traubenhyazinthe" eingebürgert. Durch Überdüngung der Wiesen ist die Art in ihren Wildbeständen gefährdet.

Stengelumfassende Taubnessel *(Lamium amplexicaule)* und **Gefleckte Taubnessel** *(Lamium maculatum)* gehören zur Familie der Lippenblütler. Sie begnügen sich mit kargen Standorten und können bis zu einem Meter hoch werden. Die nesselartigen Blätter brennen nicht, sie sind „taub". Da sie von Mai bis August weitverbreitet blühen, sind sie eine ausgezeichnete Bienenweide, wie der Beiname „Bienensaug" verdeutlicht. Medizinisch angewendet werden die Blüten der Weißen Taubnessel, und zwar ohne Kelche. Sie müssen sehr vorsichtig im Schatten getrocknet werden. Man schreibt ihnen eine lindernde Wirkung bei Frauenleiden zu. Hauptsächlich werden sie Haustees zur Aromaabrundung beigemischt.

Auch der **Kriechende Günsel** *(Ajuga reptans)* gehört zu den Lippenblütlern. Er ziert im Frühjahr die Wiesen mit seinen dunkelblauen Blütenquirlen. Sein Name kommt von den kriechenden Ausläufern. Er ist ein naher Verwandter des aus dem Mittelmeerraum stammenden berühmten Rosmarins.

25.
Essigkrüglein

26.
Stengelumfassende Taubnessel

27.
Kriechender Günsel

28.
Gefleckte Taubnessel

Leuchtend rot blüht im Frühjahr die aus Asien stammende **Bergenie** *(Bergenia grassifolia)*. Sie gehört zu den Steinbrechgewächsen, und ihre welkenden Blätter werden schwarz, als seien sie verbrannt. Grund dafür sind die Oxidationsprodukte ihres Inhaltsstoffes Arbutin, der auch in der Bärentraube vorkommt und für deren antibakterielle Wirkung bei Harnwegsinfekten verantwortlich ist. Leider ist die Bergenie nicht als Heilmittel bei leichten Blasen-Nieren-Entzündungen geeignet. Neben einer sehr hohen Menge an Arbutin enthält sie auch sehr viel magenunverträgliche Gerbstoffe.

Neben dem häufigeren Weißen Buschwindröschen begegnen wir im Frühjahr oft auch dem leicht giftigen, gelben **Hahnenfußblättrigen Windröschen** *(Anemone ranunculoides)*. Die zierlichen Blätter wiegen sich im Wind (Windröschen) und zeigen einen ausgeprägten Tag-Nacht-Rhythmus. Zahllose Staubblätter sorgen für eine Überproduktion von Pollen und locken so Insekten an. Verbreitet werden die kleinen Schließfrüchte durch Ameisen, die deren Anhängsel als Leckerbissen schätzen.

Auf Schuttplätzen und an alten Mauern wächst ab April das gelb blühende, giftige **Schöllkraut** *(Chelidonium majus)*. Es gehört zu den Mohngewächsen und hat einen behaarten Stengel. Wenn man die Pflanze pflückt, entrinnt der Bruchstelle ein klebriger, gelber Saft. Paracelsus schloß in seiner Signaturlehre, bei der man die Wirkung einer Pflanze aus ihrer äußeren Form ablesen können sollte, daß dieser galleähnliche Saft heilsam gegen Leber- und Gallenbeschwerden sei. Dagegen ist er gerade für Kinder sehr giftig. Äußerlich drei- bis viermal täglich aufgetupft, ist er oft ein wirksames Mittel gegen Warzen. Die Frucht ist schotenähnlich und trägt ein weißes, fleischiges Anhängsel. Auf dieses sind Ameisen wegen seines zuckerhaltigen Saftes ganz versessen. Auszüge der besonders gehaltreichen Wurzel sind Bestandteile krampflösender Gallenmittel.

Sehr verbreitet in den Wäldern um Wörishofen ist die **Knoblauchsrauke** *(Alliaria officinalis)*, auch Lauchskraut genannt. Die Blätter ähneln Nesselblättern, die unscheinbaren Kreuzblüten stehen in einer Doldentraube, der Stengel ist vierkantig. Reibt man die Pflanze zwischen den Fingern, so riecht sie stark nach Knoblauch. Sie eignet sich daher gut zum Würzen von Suppen oder Salaten.

29.
Bergenie

30.
Hahnenfußblättriges Windröschen

31.
Schöllkraut

32.
Knoblauchsrauke

29

30

31

32

Die Frucht des **Taubenstorchschnabels** *(Geranium columbaria)* hat die typische Form der Geraniengewächse. Sie ist storchschnabelartig langgestreckt und trägt abstehende Drüsenhaare. Der Name Geranium leitet sich von „geranos = Kranich" (Schnabel) ab. Reif krümmt sich die Granne durch die Luftfeuchtigkeit und schleudert den Samen zur Verbreitung weit weg.

Die vielen Heiltugenden des **Spitzwegerich** *(Plantago lanceolata)* entschädigen leicht für seine mangelnde Schönheit. Alexander der Große nahm ihn gegen Kopfschmerzen. Dioskurides und Galen empfahlen ihn zur Wundheilung. Noch heute heißt er Heilwegerich, und Pfarrer Kneipp lobte die wundheilende Wirkung: „Wie mit Goldfäden näht der Wegerichsaft den klaffenden Riß zu . . ." Sein botanischer Name kommt vom lateinischen „planta", d. h. Fußsohle. Er wächst überall am Wege. In Nordamerika erhielt er von den Indianern den Spitznamen „Fußstapfen des weißen Mannes", da er überall auf den Spuren der weißen Siedler wuchs. Spitzwegerich-Tee oder -saft wirkt reizmildernd, schleimlösend, auswurffördernd und adstringierend. Er wird angewendet bei Katarrhen der oberen Luftwege, Haut- und Schleimhautentzündungen. Auf einen Insektenstich gelegte zerquetschte Blätter lindern und verhindern ein Anschwellen.

Der **Hopfenklee** *(Medicago lupulina)* heißt auch Gelb- oder Hirseklee. Er ist gemein in Fett- oder Frischwiesen, an Wegrändern und liebt nährstoffreiche Böden. Je nach Standort, Düngung, Mahd und Beweidung ist er sehr veränderlich. Seine Kultur geht in England auf das 17. Jahrhundert zurück, in Deutschland wurde er in der zweiten Hälfte des l9. Jahrhunderts allgemeiner verbreitet. Obwohl als Futter sehr nährstoffreich, wird er wegen des niedrigen Ertrages nur dort angebaut, wo Rotklee und Luzerne schlecht gedeihen.

Über viele Jahrhunderte hinweg wurden Arten der Gattung Polygala gebraucht, um nervöse Augenleiden zu lindern und Schlangenbisse zu heilen. Der Name „polygala = viel Milch" soll auf die die Milchsekretion stillender Mütter anregende Wirkung hinweisen.

Die **Bittere Kreuzblume** *(Polygala amarum)* findet man im Mai und Juni auf Sumpfwiesen. Der bittere Geschmack aller Pflanzenteile beruht auf ihrem ätherischen Öl. Sie wird deshalb zur Stärkung des Magen-Darm-Traktes empfohlen.

33.
Taubenstorchschnabel

34.
Spitzwegerich

35.
Hopfenklee

36.
Bittere Kreuzblume

33

34

35

36

Die immergrüne **Bärentraube** *(Arctostaphylos uvae ursi)* ist eine der wenigen typischen Heilpflanzen des Nordens. In Island trug man die Bärentraube zur Abwehr von Gespenstern auf der Haut. Erst im 18. Jahrhundert erkannten die Ärzte die wichtige Heilwirkung der Blätter dieses Heidekrautgewächses bei Nieren-Blasen-Leiden. Die ledrigen Blätter des kissenartig vorkommenden Zwergstrauches ähneln denen der Preiselbeeren. Wegen ihres hohen Gerbstoffgehaltes wurden die Blätter zum Gerben feinen Saffianleders und zum Schwarzfärben verwendet. Die mehligen Früchte haben den Speisezettel von Meister Petz bereichert, daher vielleicht der Name. Ihre Inhaltsstoffe (Arbutin, Methylarbutin) werden erst im Urin zu antibakteriellen und desinfizierenden Verbindungen für die Harnwege aufgespalten. Zur Wirksamkeit muß der Urin alkalisch reagieren. Deshalb sollte man gleichzeitig immer etwas Natron einnehmen.

In der Nähe von Wörishofen gibt es noch einen Hang, an dem im Frühjahr die leider vom Aussterben bedrohte und daher geschützte **Küchenschelle** *(Anemone vernalis)* bzw. Aufrechte Kuhschelle in voller Blüte steht. Der Name der giftigen Pflanze kommt von den küchenschellenartigen Blüten. In Tirol heißt sie ihres Pelzes wegen auch Haarmandl.

Der **Breitblättrige Wegerich** *(Plantago major)* unterscheidet sich vom medizinisch verwendeten Spitzwegerich durch die breit-rundlichen Blattflächen, die von 7 Nerven durchzogen sind. Unsere Vorfahren nannten ihn deshalb Nervenkraut. Die Blütenähre ist ein langer „Rattenschwanz". Das Blatt legen Wanderer zur Fußstärkung und Erfrischung in die Schuhe ein. Als Wildgemüse ist er für Suppen und Salate verwendbar.

Die „Dauung stärkender" **Echter Kümmel** *(Carum carvi)* regt die Magensaftausscheidung an, fördert den Appetit, wirkt krampflösend und beugt Blähungen und Völlegefühl vor. Deshalb setzt die kundige Köchin ihn blähenden Speisen wie Brot, Kohl, Kraut, Wirsing oder Quark zu und macht so das Gewürz zum Heilkraut. Den zweijährigen Kümmel findet man auf mageren Wiesen und an Wegrändern. Von anderen Doldenblütlern wie dem Kerbel oder Bärenklau unterscheidet er sich durch die am Grund stehenden Nebenblätter. Die Früchte haben typische, weiße Streifen und eignen sich zur Herstellung von Likör und Schnaps. Kümmel wird auch vom Weidevieh sehr geschätzt und gesucht.

37.
Bärentraube

38.
Küchenschelle

39.
Breitblättriger Wegerich

40.
Echter Kümmel

28

37

38

39

40

Die Blätter des **Bergahorns** *(Acer pseudoplatanus)* sind platanenähnlich, daher der Name „pseudo-platanus". Sein Holz eignet sich gut für Furniere. Früher wurden daraus auch Holzgeschirre und Streichinstrumente hergestellt. Die **Rote Kastanie** *(Castanea rubra)* ist eine Art der Roßkastanie. Diese hat ihren Namen von den Narben der abfallenden Blätter, die einem Pferdefuß ähneln. Auch wurden in der Türkei die Samen als Pferdefutter verwendet. Der prächtige Baum kann bis zu 25 Meter hoch werden. Er erfreut dreimal im Jahr: im Frühjahr mit seinen silbrig behaarten Blatthändchen, im Mai mit den prächtigen Blütenkerzen, und im Sommer, wenn er Kindern die beliebten Früchte schenkt. Ein Kastanienbaum kann bis zu 200 Jahre alt werden und ziert gerade bei uns in Bayern traditionell viele Biergärten als Schattenspender.

Während die **Johannisbeere** *(Ribes migrum)* wegen ihrer säuerlichen, vitaminhaltigen Früchte als Obst oder in Form von Säften und Marmeladen geschätzt wird, ist der **Rosmarin** *(Rosmarinus officinalis)* eine häufig angewendete Heilpflanze. Sebastian Kneipp rechnete diesen Lippenblütler zu seinen Lieblingspflanzen und empfahl vor allem Rosmarinwein bei „Herzgebrechen" oder zur Stärkung älterer, geschwächter Patienten. Das herbe, ätherische Öl des Rosmarins – mit kreislaufanregendem sogenannten „Rosmarin-Kampfer" – wird heute vor allem in Form anregender, belebender Bäder angewendet. Als intensiv schmeckendes Gewürz werden die feinen, nadelförmigen Blättchen vor allem in südlichen Ländern zu Lamm- oder Schweinebraten sehr geschätzt. Rosmarin dient nicht nur zum Konservieren von Fleisch, sondern auch zum Aromatisieren von Seifen, Mundwässern, Parfums oder Schnupftabak. Seine Heimat hat der Rosmarin in den Mittelmeerländern, wo er an sonnigen Hängen bis zu zwei Meter hoch werden kann. Im Mittelalter ist die Pflanze über die Kräuter- und Heilgärten der Benediktiner zu uns gekommen. Es erfordert etwas Geschick und einen frostgeschützten, hellen Platz, um den Strauch zu überwintern. In früheren Zeiten wurden aus Rosmarin, Lorbeer und Myrthen Siegerkränze geflochten. In unserer Gegend schmücken sich Hochzeitsgäste mit einem Rosmarinzweiglein als Symbol der Unvergänglichkeit.

41.
Bergahorn

42.
Rote Kastanie

43.
Johannisbeere

44.
Rosmarin

41

42

43

44

Die Wurzeln des **Meerrettichs** *(Armoracia rusticana)* bringen die stärksten Männer zum Weinen. Trotzdem gehört der Meerrettich oder „Kren" zu den beliebtetsten Würz- und Nahrungspflanzen. In Südosteuropa wächst er wild, bei uns wird er vor allem im Fränkischen angebaut und von den „Krenweibla" auf dem Markt angeboten. Verwendet werden die zwischen September und Februar geernteten Wurzeln. Um diese erntefrisch zu halten, werden sie im Keller in Sand vergraben. Den stechend scharfen Geschmack verdankt der Meerrettich den Senfölen, denen man antibakterielle Wirkung zuschreibt. Die Pflanze wird deshalb ähnlich einem Antibiotikum gegen Infektionskrankheiten angewendet. Früher machte man hautreizende Umschläge im Nacken oder auf schmerzenden Gelenken. Meerrettich regt in Soßen, Majonaisen, Sahne oder Senf die Verdauungssäfte und den Gallenfluß an und wirkt so verdauungsfördernd. Manche Schmetterlingsraupen schützen sich vor Vogelfraß, indem sie bevorzugt Merrettichblätter genießen und so deren abschreckenden scharfen Geschmack annehmen.

Die **Grüne Nieswurz** *(Helleborus foetidus)*, nicht zu verwechseln mit dem Weißen Germer der Bergler, wartet bereits im Dezember unter Eis und Schnee mit ihren dunkelgrünen, handförmigen Grundblättern auf den Frühling. Deshalb heißt sie auch Schneerose. Das blaßgrüne Hahnenfußgewächs fällt mit seinen glockigen Blüten im braunen Laubwald gut auf. Aus dem Wurzelstock hat man früher Niespulver und Schnupftabak gemacht. Bereits im Altertum wußte man um die Herzwirksamkeit, allerdings wird auch von manchen Vergiftungen berichtet.

Wie der Kriechende Günsel gehört auch der verwandte **Genfer Günsel** *(Ajuga genovensis)* zu den Lippenblütlern. Der Name „Günsel" leitet sich ab von „consolido = gesundmachen".

Viele Bachränder und feuchte Laubwälder zieren die leuchtend purpurfarbenen Blüten der **Roten Lichtnelke** *(Melandrium rubrum)*. Mancherorts ist sie als Marienrose der Gottesmutter geweiht. Sie kann bis zu einem Meter hoch werden und ist mit den fünf gespaltenen Kronblättern und den aufgeblasenen Kelchen gut als Nelkengewächs zu erkennen. Bei der zweihäusigen Pflanze sind die weiblichen Kelche etwas kugeliger als die männlichen. Die Blüten sind tagsüber geöffnet, da sie im Gegensatz zur Weißen Lichtnelke von Tagfaltern besucht werden. Hungrige Hummeln beißen den Kelch von außen durch ohne ihn zu bestäuben, da ihre Rüssellänge nicht bis auf den Grund der langen Blüten reicht.

45.
Meerrettich

46.
Stinkende Nieswurz

47.
Genfer Günsel

48.
Rote Lichtnelke

45

46

47

48

Aus dem satt-dunklen Grün feuchter Wälder und Auen strahlen oft die leuchtend gelben Lippenblüten der **Goldnessel** *(Lamium luteum)*. Meist stehen sechs Blüten in den Blattachseln zu Scheinquirlen. Den spitzen Zipfel der Unterlippe zieren bräunliche Streifen. Die Blüten ähneln einem Schlund = lamium. Die Pflanze vermehrt sich über Ausläufer.

Überraschend blühte eines Tages im Teich des Kräutergartens die **Drachenwurz** *(Calla palustris)*. Der Blütenstand ist ein Kolben, der dekorativ von einem Hochblatt umhüllt wird und deshalb gerne Blumengestecke ziert. Die Pflanze wird auch Schlangenkraut genannt, gehört zu den Arongewächsen und ist heute durch Trockenlegung von Mooren und Aufschüttung versumpfter Ufer gefährdet.

Das **Bittere Schaumkraut** *(Cardamine amara)* treibt im Frühjahr an Bachufern im Eichwald oder im Norden von Wörishofen recht häufig seine kleine rispige Blütentraube. Da es sehr oft mit der für Salate mehr geschätzten Brunnenkresse verwechselt wird, heißt es auch „Falsche Brunnenkresse". Die jungen Blätter und Triebspitzen verleihen Suppen und Salaten einen angenehmen, leicht bitteren Geschmack.

Von Mai bis Juni scheinen die rötlich schlanken Rispen des **Sauerampfers** *(Rumex sanguinens)*, dessen Audauer und Zähigkeit ihn auch bei wohlwollendster Betrachtung zum Unkraut stempelt. Die hellgrünen, spitzen Blätter bekommen leicht rostige Ränder und enthalten viel Flüssigkeit. Die kleinen, nach Geschlechtern getrennten, grünen Blütchen sind unscheinbar und erscheinen zweimal im Jahr, im Frühjahr und im Hochsommer. Während der Landwirt die Pflanze auf seinen Weiden lieber nicht sieht, ist sie als Suppengewürz wegen ihres sauren Geschmacks und Vitamin-C-Gehaltes geschätzt. Die Pflanze enthält viel Oxalsäure. Deshalb war sie früher Ausgangsstoff für die Herstellung von Kleesalz. Man sollte aus diesem Grund Sauerampfer aber nicht in frischem Zustand für Salate verwenden.

49.
Goldnessel

50.
Drachenwurz

51.
Bitteres Schaumkraut

52.
Sauerampfer

49

50

51

52

Der Name **Margerite** *(Chrysanthemum leucanthemum)* für eine unserer volkstümlichsten Wiesen- und Wildstraußblume kommt von „Perle" und wird der Schönheit dieser Pflanze viel mehr gerecht als der Name Wucherblume, der ihr rasches Gedeihen beschreibt. Wer kennt nicht das Orakel: „Sie liebt mich . . . von Herzen . . . mit Schmerzen . . .", das schon Goethe in der Gartenszene des Faust beschreibt. Pro Stengel hat die Blume einen Blütenkorb mit gelben Röhren- und weißen Zungenblüten. Die abgezupften etwa 500 gelben Röhrenblütchen wirft man zur Erkundung der Zukunft in die Luft. Je nachdem, wie viele Blütchen man mit dem Handrücken auffängt, so viele Kinder bekommt man. Von den schlangenartigen Stengeln und Ausläufern hat der **Schlangenwurzknöterich** *(Polygonum bistorta)* seinen Namen. Wegen der walzenförmigen, rötlichen Ähren heißt er in der Schweiz „Flaschenbürstli". Er wächst bei uns auf feuchten Wiesen bis in eine Höhe von 2500 m. Besonders im Wurzelstock enthält die Pflanze viel zusammenziehenden Gerbstoff. Daher verwendet sie die Volksheilkunde bei Durchfall und Darmstörungen. Als Knöterichgewächs ist der Stengel knotig und wenig beblättert. Die „Natterwurzel" oder „Otterwurzel" empfahlen unsere Vorfahren – leider ohne Wirkung – gegen Schlangenbiß.

Mit die schönste Jahreszeit in Wörishofen und Umgebung, eine Frühlingssinfonie in Gelb, ist der Mai, wenn die Wiesen übersät sind mit den gelben, fiederschnittigen Blüten des **Löwenzahns** *(Taraxacum officinalis)*. Als gutes Weidefutter geschätzt heißt er auch Butter-, Kuh- oder Milchblume. Bereits Sebastian Kneipp empfahl Löwenzahnsuppe und Löwenzahnknödel, und er bedauerte, daß dieser schönen Blume aufgrund ihrer massenhaften Verbreitung nicht genügend Wertschätzung entgegengebracht werde: „Er ist der Gesundheit sehr zuträglich." Über 500 Arten gibt es weltweit von der ausdauernden Pflanze, die in allen Teilen, vor allem aber im hohlen Stengel, einen weißen Saft enthält. Sie besitzt einen ausgeprägten Tag-Nacht-Rhythmus. Morgens öffnet sie den Blütenkopf und schließt ihn dann abends oder bei feuchtem Wetter wieder. Arzneilich verwendet werden Wurzeln und Kraut. Deren Hauptinhaltsstoffe sind Bitterstoffe und Mineralsalze, die galletreibend, harntreibend und appetitanregend wirken. Eine Frühjahrskur in Form von Pflanzensaft, Tee oder Kräuterdragees kann durch ihre ausschwemmende Wirkung rheumatische Erkrankungen lindern. Kinderspiele und Wind verbreiten die fallschirmartigen Samen der Pustekugeln. Die zarten, schrotsägeförmigen Blättchen bereichern, bis Mai geerntet, einen Frühlingssalat. Die Blüten verwendet man zu Kräuterlikören. Die geröstete Pfahlwurzel eignet sich als Kaffee-Ersatz. Für Hermann Löns war der Löwenzahn die schönste Blume.

53.
Margerite

54.
Schlangenwurzknöterich

55.
Löwenzahn (Blüte)

56.
Löwenzahn (Fruchtstand)

53

54

55

56

Die leuchtend gelben Korbblüten der **Gemswurz** *(Doronicum grandiflorum)* findet man vor allem an trockenen Felshängen im Gebirge. Bei uns wird eine kultivierte Form als Zierpflanze angebaut. Ähnlich ist es mit dem **Lauch** *(Allium sativum)*, der von einer im Mittelmeerraum heimischen Wildart abgeleitet wird, die schon in Ägypten angebaut wurde. Lauch ist der mild schmeckende Vetter der Zwiebel. Selten können wir die wunderschönen Blüten betrachten, denn als Würzkraut werden die frisch geschnittenen, langen Stengel verwendet. Die kugelige Blüte bildet sich nur dann im zweiten Jahr, wenn Lauch und Porree nicht wie üblich gegen Ende des ersten Jahres geerntet werden. Schneidet der Gärtner den Blütenschaft beim Austreiben ab, so versucht die Pflanze, sich auf vegetativem Weg über kleine Brutzwiebeln zu vermehren. Diese sind als sogenannte „unechte Perlzwiebeln" eßbar.

In einem krautreichen Waldstück im Nordosten unserer Stadt habe ich an einem geschützten Standort die blühende **Wald-Akelei** *(Aquilegia vulgaris)* entdeckt. Die dunkelblau-braun blühenden Akeleiarten sind inzwischen sehr selten und daher unter Naturschutz. Sie tragen an einem Stengel 3 bis 10 langgestielte, nickende Blüten. Ihre Frucht ist eine Balgfrucht. Die doppelt dreiteiligen Blätter mit den eingeschnittenen Endfiedern lassen erkennen, daß die Akelei ebenso zu den Hahnenfußgewächsen gehört wie die **Trollblume** *(Trollius europaeus)*. Diese ordnet man mit ihren kugeligen, gelben Blüten schon eher dieser Familie zu. Die geschützten Trollblumen wachsen gesellig auf nassen Wiesen und sind charakteristisch für Berggegenden. Bei uns fühlen sie sich offenbar im Kräutergarten sehr wohl. Der Name „Trollius" kommt vom Altfranzösischen „truiller = bezaubern", ist doch die goldene Kugelblüte die Freude vieler Bergwanderer. Die Volkstümlichkeit dieser beliebten Blume drückt sich in liebevollen Bezeichnungen bei den Alpenvölkern wie Bobbala, Moosglogge, Butterrosen oder Schmalzbulle aus. Wie die meisten Hahnenfußgewächse enthält sie einen Giftstoff und steht unter Sammelverbot.

57.
Gemswurz

58.
Lauch

59.
Wald-Akelei

60.
Trollblume

57 **58**

59 **60**

Zur gleichen Zeit wie das Maiglöckchen blüht in den trockenen Wäldern um unser Heilbad die **Vielblütige Weißwurz** *(Polygonatum multiflorum)*. Der lateinische Name dieses Liliengewächses „polygonatum" kommt von „poly = viel", und von „gony = Knie", da die Wurzel an den Nebenstellen viele Knie hat. An einem sich bogenförmig neigenden Stengel hängen dem Maiglöckchen ähnelnde Blätter und in deren Blattachseln die weißen Glöckchen. Die erst roten, dann schwarz-blauen Beeren sind giftig. Bekannter ist das verwandte Salomonssiegel, das angenehm duftet.

An feuchten Waldstellen findet man dagegen um diese Zeit die **Frühlingsplatterbse** *(Lathyrus vernus)*, mit ihrer erst purpurroten, dann allmählich sich blau färbenden und schließlich grünlichen Schmetterlingsblüte. Am Blattende sitzt keine Ranke, sondern nur ein Blattspitzchen. Als Erbse erzeugt die Pflanze natürlich eine Hülsenfrucht.

Hagebutten sind die Vitamin-C-reichen Scheinfrüchte der **Heckenrose** *(Rosa canina)*. Deren zartrosa, mild duftenden Blüten zieren im Frühjahr viele Zaun-, Feld-, Straßen-, ja sogar Autobahnhecken. Aus dem harten Holz machte man früher Dolchgriffe. Hagebuttenmarmelade wird vor allem in der fränkischen Küche gerne verwendet. Zur Bereitung von mild abführenden Säften oder leicht säuerlich schmeckendem Tee verwendet man die Scheinfrüchte mit oder ohne Samenkerne. Da sich reiner Hagebutten-Tee nur ganz schwach rosa färbt, mischt man ihm oft bei Früchte- oder Haustees noch Hibiskusblüten zu. Bereits Sebastian Kneipp hat Hagebutten-Tee wegen seiner mild wassertreibenden Wirkung bei Nieren- und Harnbeschwerden empfohlen. Die Frucht ist im Kinderlied „das Männlein im Walde". Die Haare der Scheinfrüchte eignen sich gut als Juckpulver. Sinnvoller ist die Bereitung von vitaminreichem Mus, Suppe oder einem vorzüglichen Wein aufgrund des Gehaltes an Pektin, Zucker und Fruchtsäuren.

Auf feuchten Wiesen und an Bachrändern beherrscht ein weiteres Rosengewächs, das **Mädesüß** *(Filipendula ulmaria)*, das Bild. Auffällig sind die zuckerwatteähnlichen Blütendolden. Die Pflanze heißt deshalb im Volksmund auch „Wiesenkönigin". Der Name Mädesüß soll sich entweder vom süßlichen Duft ableiten oder auf die frühere Verwendung zum Aromatisieren von Met (Met-süß), Wein oder Bier hinweisen. Das Kraut enthält neben ätherischem Öl Vanillin, Gerbstoff, Schleim und vor allem Salicylverbindungen. Die Droge wird deshalb als antirheumatisches schmerzstillendes Mittel in Form von Schwitztee oder als öliger Extrakt eingearbeitet in Rheumasalben angewendet.

61.
Vielblütige Weißwurz

62.
Frühlingsplatterbse

63.
Heckenrose

64.
Mädesüß

61

62

63

64

Ende Mai erfreut uns im Kräutergarten der **Blaustern** *(Scilla anaemone)* mit seinen hellblauen Blütenstengeln. Dieses Liliengewächs kam gegen Ende des 16. Jahrhunderts aus Konstantinopel als Zierpflanze nach Mitteleuropa. Die Gattung umfaßt etwa 100 Arten, von denen die bekannteste die Meerzwiebel ist. In zwei Varietäten wächst diese wild an den Mittelmeerküsten. Die Rote Meerzwiebel kann die Größe eines Kürbis erreichen, die Weiße Meerzwiebel ist nur so groß wie eine Küchenzwiebel. Ihre herzstärkende Wirkung wurde bereits im 18. Jahrhundert entdeckt.

Ein kräftiger Geruch nach Knoblauch und Zwiebeln zeigt dem Wanderer in Laubwäldern und Parks an warmen Abenden den Standort des **Bärlauchs** *(Allium ursinum)* an, der deshalb auch „Wilder Knoblauch" genannt wird. Dieser strenge, gar nicht maienhafte Duft paßt eigentlich nicht zu den zarten, weißen Blütendolden dieser Lilienart, die oft den Waldboden wie Schnee überdeckt. Der aufdringliche Geruch kommt vom schwefelhaltigen Knoblauchsöl. Nicht nur das Wild schätzt die Pflanze, sondern sie eignet sich auch gut zum Würzen. Ihre Heilwirkung bei Kreislauf- und Darmstörungen gleicht der des Knoblauchs.

Beim **Fenchel** *(Foeniculum vulgare)* bleibt fast nichts übrig, als wenig geistreich „Schon die alten Griechen . . ." zu beginnen. Die Anwendung der Fenchelfrüchte kann sogar aus medizinischen Papyri bei den Ägyptern nachgewiesen werden. Im Mittelalter empfahlen Hildegard von Bingen und Albertus Magnus den Fenchel „bei roten Flecken im Gesicht, zur Anregung der Milchsekretion, bei Husten und Augenerkrankungen und vor allem bei Blähungen und Verdauungsbeschwerden". Auf diese wohltuende Wirkung wies Sebastian Kneipp hin: „Der Fenchel wirkt gegen Krämpfe und kräftigt den Magen." Mütter schätzen die wundersam krampflösende Wirkung des Fencheltees in der Milchflasche bei schreienden Babies. Gerade heute in einer Zeit oft ungewohnter, vollwertiger Kost bewirkt eine Mischung der Doldenblütler Fenchel, Anis und Kümmel als Tee oder Tablette oft Wunder, wenn man sich „wie aufgeblasen fühlt". Die erfahrene Hausfrau würzt deshalb blähende Speisen wie Kraut, Brot oder fette Soßen bereits mit dem Gegenmittel Fenchel. Die fleischigen Knollen des Gemüsefenchels werden als Gemüse und Salat geschätzt. Nicht selten verwildert Fenchel.

Ein Hauptwirkstoff des **Beinwell** *(Symphytum officinalis)* ist Allantoin, das erwiesenermaßen die Geweberegeneration fördert. Deshalb nutzt man die entzündungshemmende und reizmildernde Wirkung der zerkleinerten Wurzel (Wallwurz) gerne in Form von Wund- und Heilsalben sowie als Umschlagpaste. Der volkstümliche Name „Beibrechwurzel" weist auf die Anwendung in früheren Zeiten hin. Man glaubte, daß der Wurzelbrei als Auflage die Kallusbildung anregt. Auch der botanische Name „Symphytum", von „sympho = zusammenwachsen lassen", zeigt diese symbolische Vorstellung, die noch dadurch verstärkt wurde, daß der Wurzelschleim beim Abkochen gerinnt. Die verschieden gefärbten Blüten werden vor allem von Hummeln bestäubt.

65.
Blaustern

66.
Bärlauch

67.
Fenchel

68.
Beinwell

65

66

67

68

In den schattigen Laubwäldern um unser Heilbad ist der **Waldmeister** *(Asperula odorata)* eine weit verbreitete Pflanze, leicht erkennbar an den charakteristischen Blattquirlen. Die im Mai erscheinenden, unscheinbaren Blütchen stehen langgestielt in kleinen, weißen Dolden. Vor allem nach dem Trocknen entfaltet die Pflanze einen intensiven, heuähnlichen Duft. Sie wird deshalb auch gerne als Lavendelersatz zwischen die Wäsche gelegt. Ursache dieses Duftes sind Cumarine, die auch der Maibowle ihr Aroma verleihen. Dem beliebten Maiwürzwein schrieb man früher eine herz- und leberstärkende Wirkung zu. Ob das Kopfweh nach dem Genuß der Maibowle vom Cumaringehalt oder vom Alkohol kommt, ist noch nicht ganz geklärt. In abgewandelter Form wird Cumarin zur Verminderung der Blutgerinnung bei Thrombosegefahr und nach Herzinfarkt medizinisch eingesetzt.

Unter feuchten Gebüschen finden wir auch die **Einbeere** *(Paris quadrifolia)* mit ihrem Vierblätter-Quirl. Als Wolfsbeere soll sie früher zum Vergiften von Raubtieren verwendet worden sein. „Paris" kommt von „parparis = alles gleich": 4 Blätter, 4 Kelchblätter, 4 Blütenblätter, 4 Staubgefäße, 4 Narben. Sie gehört trotz dieses Blütenbaus und ihrer herznervigen Blätter zu den Liliengewächsen. Aus der einzigen grünen Frühlingsblüte entwickelt sich die fast kirschengroße, blauschwarze Beere, die von Kindern als Heidelbeere gegessen wird. Die giftigen Beeren rufen Erregungsanfälle hervor, weshalb die Pflanze im Mittelalter auch „Wut-Nachtschatten" genannt wurde. Die Pflanze sollte auch die Wahl des Paris nach der griechischen Mythologie symbolisieren: die 4 Blätter stellen die drei Göttinnen Juno, Minerva und Venus, sowie den trojanischen Prinzen Paris dar, der der schönsten den in der Mitte stehenden, berühmten Erisapfel überreicht.

Auch die Blüten der **Weißen Taubnessel** *(Lamium album)* runden das Aroma von Haustees ab. Sie stehen zu 5 bis 8 Scheinquirlen in den Blattachseln und haben eine helmartige Oberlippe, die außen manchmal rosa gefärbt ist. Als Lippenblütler hat sie einen vierkantigen Stengel und kreuzweise gegenständige, typisch herzförmige Nesselblätter. Da die Pflanze von Mai bis Oktober blüht, ist sie eine wichtige Bienenweide (Bienensaug). Auch Kinder saugen gerne den süßen Nektar aus der abgezupften Kronröhre.

Äußerst anspruchslos und unscheinbar wächst das **Hirtentäschel** *(Capsella bursa-pastoris)* an den Wegrändern. Es ist ein richtiges Hungergewächs. Erscheint es im Frühjahr reichlich, dann rechnen die Bauern mit einem schlechten Kornjahr. Das Kraut dieses Kreuzblütlers wurde bereits im Mittelalter als einzig bekanntes Mittel gegen Blutungen eingesetzt. Heute nennt die Standardzulassung eine unterstützende Wirkung bei Nasenbluten und starker Monatsblutung. Wie der Wegerich hat es als Unkraut den Menschen überall hin begleitet. Sein Name rührt von der Ähnlichkeit der Samen mit Ledertaschen, die früher Hirten trugen. Da Vögel den Geschmack der Samen lieben, wird er gerne Vogelfutter beigemischt.

69.
Waldmeister

70.
Einbeere

71.
Weiße Taubnessel

72.
Hirtentäschel

69

70

71

72

Sebastian Kneipp schätzte den **Huflattich** *(Tussilago fanfara)* als „rechten Fegewisch die Brust im Innern". Als erste Blüher entwickeln sich manchmal schon im Februar die fleischigen, mit braunen Schuppen bedeckten Blütenschäfte vor der Entfaltung der Blätter. Die Blüten erinnern an einen gelben Strohhut. Ungeheuer anspruchslos, ist diese Pionierpflanze ein kaum zu bekämpfendes Unkraut. Der lateinische Gattungsname „Tussilago", d. h. „ich vertreibe Husten", weist auf seine geschätzte Heilwirkung hin. Die reizmildernde Wirkung der Schleimstoffe in den Blättern ergänzt sich ideal mit einem auswurffördernden Effekt. Sein Name stammt von der Ähnlichkeit der später im Jahr erscheinenden Blätter mit dem Abdruck von Pferdehufen. Als erste Hilfe kann man die Blätter zur wohltuenden Linderung von Insektenstichen auflegen. Getrocknet wurden sie dem Tabak beigemischt, u. a. auch in Form der sogenannten „Asthmazigaretten". Wegen bestimmter Alkaloide sollte der Tee nicht länger als vier Wochen getrunken werden, während der Schwangerschaft und Stillzeit überhaupt nicht. Da die Blätter vom Laien leicht mit denen der Pestwurz verwechselt werden können, sollte man nur garantiert geprüfte Ware aufbrühen.

Auf Waldlichtungen am Moosberg, aber auch in Vorgärten erscheinen oft bereits im März die röhrigen, leuchtend roten, vierteiligen Blüten des **Seidelbast** *(Daphne mezereum)*. Alle Teile dieser geschützten Pflanze sind äußerst giftig. Sein Name hat seinen Ursprung von dem wie Seide glänzenden Bastgewebe. Die zähe Rinde wurde früher zur Herstellung von Schnüren benutzt. Der botanische Name „Daphne" bedeutet im griechischen „Lorbeer", dem die nach der Blüte erscheinenden Blätter gleichen. Die Blüten verbreiten einen angenehmen Duft, besonders die im Spätsommer reifen roten Beeren sind für Kinder eine gefährliche Verlockung.

Der gelbblühende Zwergstrauch des **Elfenbeinginsters** *(Genista germanica)* ist eigentlich ein Eichenbegleiter. Die Blätter sind zum Teil zu Dornen umgewandelt oder wie die Ästchen behaart. Die Schmetterlingsblüten haben pfriemähnliche Deckblätter, die länger sind als die Blütenstiele. Ginsterarten haben herzwirksame Inhaltsstoffe.

Der im Feuchtbiotop des Kräutergartens blühende **Fieberklee** *(Menyanthes trifoliata)* hat mit den bekannten Kleearten nur die dreizähligen Blätter gemeinsam („trifolii"). Die geschützte Moorpflanze gehört zu den Enziangewächsen. Wie der Gelbe Enzian enthält sie viele Bitterstoffe und heißt deshalb auch Sumpfbitterklee. Wegen der kleinen, zarten, fünfteiligen, saftig behaarten Blüten wirkt die Pflanze fremdartig. Sebastian Kneipp empfahl den Fieberklee bei Magenschwäche, Blähungen, Leberbeschwerden. In nordischen Ländern wurden die Blätter gerne als Hopfenersatz dem Bier zugesetzt. Die Volksmedizin verwendet sie bei fiebrigen Erkrankungen.

73.
Huflattich

74.
Seidelbast

75.
Elfenbeinginster

76.
Fieberklee

73

74

75

76

Die Gattung Ranunculus zählt über 400 Arten, von denen die bekannteste der bei uns gelbblühende **Scharfe Hahnenfuß** *(Ranureulus acer)* ist. Die Hahnenfußarten lieben feuchte Wiesen, d. h. sie wachsen dort, wo die Frösche hüpfen: „ranunculus = kleines Fröschlein". Jedes Kind kennt die Butterblume, die nach dem Löwenzahn die Gelbherrschaft auf den Wiesen antritt. Sie enthält einen scharfen, blasenziehenden Stoff, der ziemlich giftig ist. Die Giftwirkung verliert sich nach dem Trocknen, so daß der Hahnenfuß im Futterheu dem Vieh nicht schadet. Der Name „Hahnenfuß" leitet sich von der an die Zehen eines Hahnes erinnernden Blattform ab.

Die Ähnlichkeit der Blattquirle läßt erkennen, daß es sich bei dem **Gemeinen Labkraut** *(Galium mollugo)* um einen Verwandten des Waldmeisters handelt. Wie das Lab des Rindermagens bringt das Kraut die Milch zum Gerinnen. Die hohen, weichen Rispen sind mit kleinen, weißen Blüten übersät. Die Blätter sind unten leicht behaart. Sowohl das Weidevieh als auch die Bienen schätzen die Pflanzen wegen ihres angenehmen Aromas.

Während das zu den Rauhblattgewächsen gehörende **Berglungenkraut** *(Pulmonaria montana)* rötliche Blüten besitzt, heißt das offizinelle Lungenkraut auch „ungleiche Schwestern", da dieselbe Pflanze zuerst rote, später blau-violette Blüten hat. Der Familienname weist auf den borstigen Stengel hin. Früher wurde das Kraut, das Schleimstoffe, Kieselsäure und Gerbstoffe enthält, als Tee gegen Lungenleiden angewendet. Heute hat die Droge keine Bedeutung mehr.

Mit dem Huflattich hat die **Pestwurz** *(Petasites hybridus)* gemein, daß an schuppigen Stengeln ihre Blüten vor den Blättern erscheinen. Die Blätter gehören mit mehr als 30 cm Durchmesser zu den größten unserer Flora. Man brauchte sie früher zum Einwickeln von Butter. Die Pestwurz ist bei uns vor allem an lehmigen Bach- und Waldrändern verbreitet. Wegen schädlicher Alkaloide sollte man die Blätter heute nicht mehr als Hustenmittel oder gegen nervöse Magenbeschwerden verwenden.

77.
Scharfer Hahnenfuß

78.
Gemeines Labkraut

79.
Berglungenkraut

80.
Pestwurz

77

78

79

80

Auf feuchten Wiesen im Zillertal und im Kräutergarten blüht der sonst hauptsächlich auf Almmatten vorkommende **Weiße Germer** *(Veratrum album)*. Die bis zu 1,50 m hohe Giftpflanze wird auch Weiße Nieswurz genannt. Sie gehört zu den Liliengewächsen und ist auf Almwiesen ein platzraubendes, verhaßtes Unkraut. Die Blattstände werden manchmal mit denen des Gelben Enzians verwechselt. Allerdings sind die Blätter im Gegensatz zu diesen wechselständig und an der Unterseite flaumig behaart. Die gelblich-grünen, großen Blüten sind teils zwittrig, teils männlich oder weiblich, und stehen in einer Rispe aus Trauben. Das Vieh meidet die Pflanze, da sie Erbrechen und Kolik hervorruft. Wegen seiner stark wirksamen Alkaloide wird der hammerförmige Wurzelstock nur auf ärztliche Verordnung oder in starker homöopathischer Verdünnung bei Nervenschmerzen, Krämpfen, Herzschwäche und Magen-Darm-Störungen angewendet. Bereits im Mittelalter sprach man von einer „sehr rauhen Medizin". Im Elisabethanischen England mischte man die gepulverte Wurzel Schnupfmitteln bei.

Wegen ihrer dekorativen, glänzend weiß marmorierten Blätter wird die **Mariendistel** *(Sylibum marianum)* gerne als Zierpflanze verwendet. Schöne Exemplare stehen im Klostergarten des Dominikanerinnen-Klosters und im Kräutergarten. Wie bei vielen Mittelmeerkräutern kannte man deren Heilwirkung bereits in der Antike. Im Mittelalter galt sie als wundertätige Pflanze. Sie ist auf Marienbildern zu sehen, so zum Beispiel auf dem berühmten Gemälde „Paradiesgärtlein", das im Frankfurter Städel-Museum hängt. (15. Jhd.). Medizinisch wird der Samen mit der Schale verwendet, da die Wirkstoffe vor allem in der Eiweißschicht unter der Schale sitzen. Da der Wirkstoffkomplex – das sogenannte Silymarin – wenig wasserlöslich ist, werden statt Tee vor allem Extrakte in Form von Tabletten und Tropfen angewendet. Silymarin ist das Leberentgiftungsmittel schlechthin und vor allem geeignet zur unterstützenden Behandlung schwerer Leberschäden nach Hepatitis, Alkohol- oder Medikamentenmißbrauch. Selbst der durch Leberzerstörung tödliche Verlauf einer Knollenblätterpilzvergiftung konnte u. a. durch hohe Gaben von Silymarin aufgehalten werden.

Die unscheinbare rotviolette **Kleine Braunelle** *(Prunella vulgaris)* blüht an Wegrändern kaum beachtet von Mai bis Oktober. Sie gehört zu den Lippenblütlern, bei denen das Staubgefäß wie eine Hellebarde aussieht. Wegen ihrer Wetterbeständigkeit ist sie über die ganze Welt verbreitet.

Typisch für die **Wilde Malve** *(Malva silvestris)* sind die hellpurpurnen, dunkler gestreiften Blüten. Viele Malvenarten sind tropisch oder subtropisch. Die Blätter der auch „Käsepappel" genannten Pflanze enthalten bis zu 8 % Schleim. In Hustentees hüllt dieser Pflanzenschleim entzündungshemmend die oberen Atemwege ein und verdünnt das zähe Sekret, das sich dann besser abhusten läßt. Die rotvioletten Malvenblüten werten Husten- und Bronchialtees auch optisch auf.

81.
Weißer Germer

82.
Mariendistel

83.
Kleine Braunelle

84.
Wilde Malve

Spiersträucher gehören wie Weißdorn, Apfelbaum, Schlehe, aber auch die Erdbeere zu den Rosengewächsen. Wie die **Schneespiere** *(Spirea ssp.)* zieren die ursprünglich im europäischen Südosten beheimateten Sträucher dekorativ weiß blühend Hänge und Wegränder am Waldsee. Wegen ihrer traubigen oder rispigen Blütenstände werden einige der 30 Arten umfassenden Gattung gerne als winterharte, reichlich blühende Ziersträucher in Gärten und Anlagen kultiviert.

Der **Ackerschachtelhalm** *(Equisetum arvense)* ist einer von heute noch 32 Arten von Schachtelhalmgewächsen, die entwicklungsgeschichtlich viele Millionen Jahre älter sind als unsere Blütenpflanzen. Diese lebenden Fossilien reichen in ihrer Geschichte zurück bis ins Karbon (300 Mio. Jahre vor Christus). Schachtelhalme gehören zur alten Abteilung der Farne und Moose, sind also blütenlos, weisen einen Generationswechsel auf und vermehren sich durch Sporen. Im Frühjahr erscheint eine braune, spindelförmige Sporenähre. Im Sommer sprießen die medizinisch verwendeten sterilen, pferdeschwanzartigen, grünen Triebe. Deren einzelne Stengelabschnitte sind ineinander „verschachtelt". Sumpfige Standorte sollte man beim Sammeln vermeiden, denn dort wächst der giftige Sumpfschachtelhalm. Wegen ihres hohen Gehaltes an kristalliner Kieselsäure eignet sich die Pflanze sehr gut dazu, Zinngeschirr auf Hochglanz zu bringen. Daher hat sie ihren Namen Zinnkraut. Bäder mit dem weltweit verbreiteten Unkraut wirken wegen des hohen Kieselsäuregehaltes stärkend auf das Bindegewebe. Innerlich genommen und in Form von Unterleibdämpfen bescheinigte bereits Sebastian Kneipp dem Zinnkraut eine „vielseitige und vorzügliche Wirkung". In Form von Tee eignet sich Ackerschachtelhalm als mild wassertreibendes Mittel zur Durchspülung der Harnwege und zur Ausleitung von Nierengries. Der Saft kräftigt die Bronchien.

Sehr häufig findet man an den Wegrändern um Wörishofen das **Ackerhornkraut** *(Cerastium arvense)*. Die nichtblühenden Stengel bilden dichte Rasen, die blühenden stehen aufrecht. Die ganze Pflanze, die zu den Nelkengewächsen gehört, ist kurz behaart. Ihren Namen verdankt sie den wie gekrümmte Hörner aus dem Kelch herausragenden Kapseln.

Wegen ihres hohen Gerbstoffgehaltes eignen sich die Blätter der **Brombeere** *(Rubus fruticosus)* als leichtes Mittel gegen Durchfall. Durch die Fermentierung färben sich die Blätter dunkel, werden aromatischer und eignen sich dann als guter Ersatz für Schwarztee. In dieser Form setzt man sie auch gerne als Geschmackskorrigens Haus- und Frühstückstees zu. In den Wäldern um Wörishofen ist dieses Rosengewächs sehr verbreitet. Im Gegensatz zur Himbeere sind die Blätter der Brombeere dunkler, stärker behaart und entspringen alle einem Punkt. Die niederliegenden Sprößlinge wurzeln fest an der Spitze und ergeben so die „Brombeerbögen". Der Sage nach sollten die Stacheln alle Leiden fernhalten, wenn man unter den Bögen hindurchkriecht.

85.
Schneespiere

86.
Ackerschachtelhalm

87.
Ackerhornkraut

88.
Brombeere

An feuchten, schattigen Bachufern im Zillertal, bei Schlingen und an der Wertach gedeihen die bis zu 2 m hohen Stauden des **Baldrians** *(Valeriana officinalis)*. Er überwintert mit einem walzenförmigen Wurzelstock, dessen unterirdische Ausläufer zu seiner Verbreitung beitragen. Seine endständigen Doldenrispen bestehen aus unzähligen weißen oder rosa, trichterförmigen Blütchen. Für seine Befruchtung sorgen vor allem Fliegen. Sein Name könnte sich vom germanischen Lichtgott Baldur ableiten. Der lateinische Name kommt wohl von „valeo = ich befinde mich wohl". Dies weist auch auf die Heilanzeigen der Wurzeln hin. Baldrian wirkt beruhigend, schlaffördernd. Er eignet sich bei nervösen Herz- oder Magenbeschwerden, Prüfungsangst oder Spannungszuständen. Bereits Sebastian Kneipp sagte: „Weitgeschätzt ist auch die Verwendung als Schlafmittel." Da das Sammeln der Wurzelstöcke zum Verlust der Pflanze führt, wird sie vor allem angebaut. Den typischen Geruch verströmen die Wurzeln nach dem Trocknen. Während die Inhaltsstoffe wie wasserlösliche Valepotriate, Sesquiterpene oder das ätherische Öl bei Menschen ausgleichend wirken, macht Katzen der intensive Duft ausgesprochen „high". Wegen seines starken Geruchs mußte Baldrian für Zaubereien herhalten. Er diente abergläubischen Menschen als Schutz gegen Pest, zur Abwehr böser Geister und des Teufels. Zusammen mit Dost und Dill sollte er im Trinkwasser das Vieh vor Hexen schützen.

Neben dem Baldrian findet man an feuchten Standorten die nickenden Blütenköpfchen der **Bachnelkenwurz** *(Geum rivale)*. Als Rosengewächs hat sie 5 runde Blütenblätter und fiederspaltige Blätter. Der Name kommt vom nelkenartigen Duft der Wurzel. Aus der langgestielten Sammelfrucht schauen Fruchtanhängsel nach dem Verblühen wie Schweineschwänzchen heraus.

Als klassischen Futterklee finden wir massenhaft auf Wiesen verbreitet den **Rotklee** *(Trifolium pratense)*. Die kleinen Schmetterlingsblütchen des kugeligen Blütenköpfchens riechen intensiv nach Honig. In Schwaben heißt diese Kleeart auch Zuckerbrot, da Kinder diesen Honig gerne heraussaugen. Da die Bienen wegen ihrer kurzen Saugrüssel den Nektargrund nicht erreichen, ist der Klee für die Bestäubung auf die langrüsseligen Hummeln angewiesen. Das Kleeblatt gilt nicht nur als Glückszeichen, Liebeszaubermittel und Schutz gegen Hexen, sondern wurde auch viel zur künstlerischen Gestaltung verwendet: im Kleeblatt-Maßwerk gotischer Kirchen, im irischen Wappen als Symbol der Dreieinigkeit und als „Treff" der französichen Spielkarten. Hauptbedeutung hat Klee als Futterpflanze.

Im Feuchtbiotop des Kräutergartens blüht im Juni prächtig die **Wasser-Schwertlilie** *(Iris pseudacorus)*. Die geschützte Pflanze wird bis zu 1 m hoch. Sogenannte „Veilchenwurzeln" für zahnende Kinder, Zahnpastaparfümierung, Brusttee oder Tabak sind die nach Veilchen duftenden Wurzelstöcke der blauweißen Florentiner-Schwertlilie oder der Deutschen Schwertlilie.

89.
Baldrian

90.
Bachnelkenwurz

91.
Rotklee

92.
Wasser-Schwertlilie

89

90

91

92

Ende April bis Anfang Juni leuchten um Wörishofen die gelben Felder, auf denen **Raps** *(Brassica napus)* angebaut wird. Wie bei allen Kreuzblütlern stehen Blüten- und Kelchblätter jeweils vier über Kreuz. Nach dem Abblühen entwickelt sich aus jeder Blüte eine lange, schmale Schote mit millimetergroßem, kugeligem Samen. Diese Samen enthalten etwa 25 % Eiweiß, 20 % Kohlenhydrate und bis zu 50 % Fett in Form von Rapsöl. Gemischt mit Mohn- und Leinöl wird es als Speiseöl angeboten und zur Margarineherstellung verwendet. Technisch braucht man es als Schmier-, Brenn- oder Lederöl. Durch Züchtung versucht man derzeit, den Gehalt an ungesättigten, lebensnotwendigen Fettsäuren zu erhöhen. An den drüsig behaarten Stempeln erkennt man das **Zottige Weidenröschen** *(Epilobium hirsutum)*. Da sich die Weidenröschenarten, ähnlich wie der Löwenzahn, über fliegende Samen ausbreiten, sind sie in den Ziergärten ein gefürchtetes „Unkraut". Arzneilich wird aus der Familie der Nachtkerzengewächse vor allem das Kleinblütige Weidenröschen bei gutartigen Prostatabeschwerden angewendet.

An feuchten Stellen im Eichwald und in den umgebenden Wäldern finden wir überaus häufig den bis zu 3 m hoch werdenden Strauch des **Faulbaums** *(Rhamnus frangula)*. Dieses Kreuzdorngewächs erkennt man sehr leicht an den hellen Korkwarzen seiner graubraunen Rinde. Diese Rinde wird im Frühjahr, wenn „der Saft steigt", von den Zweigen geschält. Sie muß vor ihrer Anwendung mindestens ein Jahr gelagert werden, da sie sonst nicht nur „faulig" riecht, sondern nach der Einnahme auch Bauchgrimmen hervorruft. Die Anthrachinon-Glykoside der gut abgelagerten Rinde sind dagegen ein dickdarmwirksames Abführmittel, das kurzzeitig immer dann zum Einsatz kommen sollte, wenn eine leichte Darmentleerung mit weichem Stuhl erwünscht ist. Wegen ihres schwarzgrünen Saftes heißen die erst roten, dann sich schwarzfärbenden Beeren auch Tinten- oder Grünbeeren. Drosseln verspeisen diese für den Menschen ungenießbaren Beeren ungestraft. Der Strauch heißt auch „Pulver-" oder „Schießholz", weil man früher das in Meilern verkohlte Holz zur Schwarzpulverherstellung verwendet hat. Aus Rinde und Beeren gewann man vor der Entdeckung der Anilin-Textilfarben je nach Reifezustand und Behandlung gelbe, grüne oder braune Farben.

Bei den Wanderungen begegnet man oft am Wegesrand dem **Rainkohl** *(Lapsana communis)*. Sein unbehaarter Stengel ist stark verästelt. Alle Blüten des Körbchens sind zungenförmig. Die Pflanze führt wie der Lattich einen weißen Milchsaft und galt früher als „Gemüse des armen Mannes". So beschwerten sich die Soldaten Caesars nach dem Sieg über Pompejus in einem Spottvers darüber, daß ihr Lohn darin bestand, daß sie sich von „Lampsana" ernähren müssen.

93.
Raps

94.
Zottiges Weidenröschen

95.
Faulbaum

96.
Rainkohl

93

94

95

96

Im Juni/Juli beherrschen die riesigen Dolden des **Bärenklau** *(Heracleum sphondylium)* die Allgäuer Wiesen. Der botanische Name kommt angeblich von dem griechischen Helden Herakles, der zwölf Aufgaben erfüllen mußte. Die Dolden sind meist bevölkert von Fliegen, Käfern und Schmetterlingen. An den großen fiederteiligen Blättern fallen die aufgeblasenen Scheiden am Blattgrund auf. Die Pflanze riecht unangenehm und wird nur im jungen Zustand gerne an das Vieh verfüttert. In Rußland werden die Schößlinge wie Spargel gegessen. In Polen braut man aus den Samen ein starkes Bier. Von der ungeschlachten Form der Blätter leitet sich der deutsche Name ab.

In der Nähe des Flugplatzes wächst im lichten Gehölz unscheinbar das seltenere **Nordische Labkraut** *(Galium boreale)*. Sein Stengel ist aufrecht, meist ästig und mit waagrecht stehenden Haaren besetzt. Die Blätter sind vierquirlig, lanzettlich ohne Stachelspitze, von drei Längsnerven durchzogen und ohne deutliches Adernetz. Von den 300 Arten der Gattung sind 100 in Europa heimisch, die genannte Art ist als eurasisch zu bezeichnen. Die kleinen weiß-gelben Blütchen sondern freiliegenden Honig ab, der auch kurzrüsseligen Insekten zugänglich ist. So verbreiten Fliegen und Käfer die Pollen mit den Füßen.

Die auf den Feldern am Moosberg angebaute **Ackerbohne** *(Vicia faba)* ist eine aufrechte Pflanze bis zu 1 m Höhe. Ihre blaugraue Farbe gibt den Feldern ein eigenartiges Aussehen. Die beiden Flügel der schmetterlingsförmigen Blüten haben am Grund einen schwarzen Fleck, die Fahne ist rötlich geädert. Als Pferde- und Saubohne dient sie vor allem als Viehfutter.

Wie ein rosa, walzenförmiger Reiniger für Lampenzylinder sehen die Ähren des **Wiesenfuchsschwanz** *(Alopecurus pratensis)* aus. Dieser ist vom Mai bis Juni auf den Wiesen im Zillertal gemein. Die Ähre des ertragreichen, hochwertigen Grases kann bis zu 1 cm dick werden. Als ausdauerndes Obergras ist der Wiesenfuchsschwanz völlig winterhart. Der Form der Ähren wegen heißt er auch Eselsschwanz, Hundeschwanz, Rattenschwanz oder Fuchswedel.

97.
Bärenklau

98.
Nordisches Labkraut

99.
Ackerbohne

100.
Wiesenfuchsschwanz

97

98

99

100

Mit der **Tollkirsche** *(Atropa belladonna)* verbindet der Laie neben der Alraune wohl am engsten die Begriffe Zauberkraft und Gift. Nach dem Volksglauben wendet der Teufel selbst diese Pflanzen an, und so verlieh man ihr auch so drastische Namen wie Schlaf-, Teufels-, Schwindel- oder Wutbeere. Die „Schwarze Mandragora" der Alten war wohl unsere Tollkirsche. Der botanische Name Atropos kommt aus dem Griechischen: die Parze, die den Lebensfaden abschnitt. Aus Blättern und Wurzeln kann man als Hauptwirkstoff das Alkaloid Atropin gewinnen. Dieses lähmt den Muskel, der die Pupillen verengt. Diese dadurch pupillenerweiternde Wirkung nutzt heute noch der Augenarzt in Form von Augentropfen, um besser den Augenhintergund untersuchen zu können. Die Damen der Renaissance haben Tollkirschenextrakt in ihre Augen geträufelt, um verführerische, große Augen zu bekommen und so eine „schöne Frau = bella donna" zu sein. Allerdings konnten sie dadurch ihren Angebeteten nur noch schemenhaft erkennen. „Hexen" vergangener Jahrhunderte erlebten wahrscheinlich aufgrund des Scopolamingehaltes sogenannter „Hexenpomaden", mit denen sie sich einrieben, die Selbsttäuschung zu fliegen. In minimalster, genauer Dosierung spielt heute das Atropin in der Hand des Arztes noch eine wichtige Rolle als stark krampflösendes Mittel. Drei bis vier der glänzend schwarzen Beeren stellen für den Menschen bereits eine tödliche Dosis dar. Sie sind aber leicht an ihrem fünfzipfeligen Kelch als Unterteller zu erkennen. Vögel können die Beeren ungestraft fressen und verbreiten so die drüsig behaarten Sträucher in unseren Wäldern.

Auf trockenen Wiesen um Wörishofen ist die **Taubenscabiose** *(Scabiosa columbaria)* mit ihren blau-violetten Köpfchen weit verbreitet. Ihr Name geht auf „scabies = Krätze" zurück, da man früher die Pflanze gegen dieses Leiden eingesetzt hat. Der Name „Grindkraut" weist auch auf diese heute obsolete Heilanzeige hin. Als blaublühende „Donnerblume" sollte dieses Kardengewächs im Aberglauben vor Gewitter schützen.

Die bis zu 1 m hohe **Wiesenflockenblume** *(Centaurea jacea)* ähnelt einer rötlich-violetten Kornblume. Der Name Flockenblume kommt von den weißen Flockenhaaren im jungen Stadium. Als „harte" Pflanze heißt sie auch Eisenkraut. Ihre dicken Blütenköpfe haben ihr auch die Namen Dickkopf oder Hosenknopf eingetragen. Der heilkundige Kentaur Chiron soll ihre Heilwirkung erkannt haben (Centaurea). Im Mittelalter glaubte man an ihre Heilkraft bei Knochenbrüchen, Verletzungen, Cholera und Harnwegsentzündungen. Diese Wirkungen konnten aber nicht bestätigt werden.

In frischen, fließenden Gewässern um Wörishofen leuchten die kleinen weiß-gelben Blütchen der **Brunnenkresse** *(Nasturtium officinale)*. Wie Senf und Meerrettich enthalten ihre scharf-aromatischen Blätter eine Zuckerverbindung des Senföles, Bitterstoffe und Vitamine (A, C, D). Sie sind daher sehr geschätzt zum Würzen von Suppen, Salaten oder Soßen. Wegen ihres Jodgehaltes gilt in manchen Gegenden Bayerns die Brunnenkresse als Vorbeugemittel gegen Kropferkrankungen. Ihre verdauungsfördernde Wirkung hebt bereits Sebastian Kneipp hervor: „Der frisch ausgepreßte Saft wirkt nicht nur blutreinigend, sondern auch magenstärkend." Bei den Franzosen gilt die Pflanze als „herbe aux chantre", also als Kraut, das der belegten Stimme wieder strahlenden Klang verleiht.

101.
Tollkirsche

102.
Scabiose

103.
Wiesenflockenblume

104.
Brunnenkresse

101

102

103

104

Erstaunlicherweise hat sich für eine in der Volksheilkunde so tief verwurzelte und vielfältig angewendete Heilpflanze wie die **Kamille** *(Matricaria chamomilla)* kein deutscher Name durchgesetzt. Sie ist der „Heiltee" schlechthin. Ihr Name „matricaria" stammt vom lateinischen „mater = Mutter" und weist auf ihre frühere Anwendung im Wochenbett (Gebärmutterentzündungen) hin. Selten wird sie deshalb auch Mutterkraut genannt. Die auf kargen Standorten wachsende Echte Kamille hat im Gegensatz zur weit verbreiteten Hundskamille einen hohlen Blütenboden, weit nach unten geschlagene weiße Blütenblätter und duftet apfelähnlich. Aus Eurasien stammend, wurde sie als heilige Pflanze von nordischen Völkern dem Sonnengott Baldur zugeordnet. Die gründlich erforschten Kamillenwirkstoffe rechtfertigen ihre hohe Wertschätzung seit der Antike. Sie enthält bis zu 2 % tiefblaues ätherisches Öl mit Bisabolol, Chamazulen und wasserlöslichen Flavonen. Diese Inhaltsstoffgruppen ergänzen sich im Gesamtextrakt in ihrer krampflösenden, entzündungshemmenden, wundheilenden, antibakteriellen und karminativen Wirkung. Innerlich werden entzündliche Magen-Darm-Erkrankungen günstig beeinflußt. Äußerlich wird sie bei Haut- und Schleimhautentzündungen, schlecht heilenden Wunden und in der Kosmetik angewendet. Kamilleninhalationen mildern Entzündungen und Reizzustände der Luftwege. Sebastian Kneipp verwandte Kamille vor allem als Badezusatz und zu Umschlägen.

Der **Quendel** *(Thymus serpyllum)*, auch Feldthymian genannt, ist ein rasenbildender Halbstrauch mit kleinen purpurroten Blütenquirlen. Er ist auf trockenen Wiesen, an Felsen und auf Steinschutt verbreitet. Zerreibt man die Blätter zwischen den Fingern, so entströmt ihnen der Duft einer typischen Gewürzpflanze. Das ätherische Öl würzt vor allem in südlichen Ländern Braten, Pasta oder Pizza. Gerne verwendet man aber auch Herba Serpylli für Bäder und Kräuterkissen (Marienbettstroh). Wegen der antiseptischen Wirkung des ätherischen Öles wird es gerne Gurgelwässern und Bronchialtees zugesetzt und zur Wundheilung angewendet.

Lavendel *(Lavandula officinalis)* stammt aus den warmen Mittelmeerländern. Vor allem in Südfrankreich um Grasse wird er feldmäßig angebaut. Mit einem großen Fest feiert man dort jährlich die Ernte dieses wichtigen Grundstoffes für die Parfum- und Kosmetikindustrie. Bei uns schätzt man den winterharten Halbstrauch in den Gärten wegen seines angenehmen Duftes und seiner schönen Blüten. Lavendel ist eine Paradepflanze der sogenannten Aromatherapie. Am Ende der graugrünen Lavendeltriebe steht eine Scheinähre. In mehreren Etagen sitzen jeweils 5 Blüten an einer Ähre, die während des ganzen Sommers etagenweise dann von unten nach oben blühen. Lavendel wirkt beruhigend und entkrampfend, blähungstreibend, gallefördernd und antiseptisch. Nach Pfarrer Kneipp sollte das von ihm Spiköl genannte Lavendelöl in keiner Hausapotheke fehlen. Als umweltfreundlicher, wohlriechender Mottenschutz eignen sich Lavendelsäckchen im Wäscheschrank.

Der am Boden **„Kriechende Hahnenfuß"** *(Ranunculus repens)* ist an Ufern und Wegrändern gemein. Die langgestielten Butterblumen stehen einzeln an bis zu 50 cm langen haarigen Stengeln mit kriechenden Ausläufern.

105.
Kamille

106.
Quendel

107.
Lavendel

108.
Kriechender Hahnenfuß

105

106

107

108

Zweigriffeliger und eingriffeliger **Weißdorn** *(Crataegus oxyacantha bzw. monogyna)* sind nicht nur als wichtige Lieferanten der Drogen von erheblichem Nutzen, sondern sie erfreuen uns auch mit einem üppigen Blütenflor. Dieser erfreut allerdings wegen seines intensiven Geruchs mehr das Auge als die Nase. Während der Blüte bietet das dornige Rosengewächs unzähligen Insekten Nahrung. Im Herbst schätzen die Vögel die „Mehlbeeren" und sorgen so für die Verbreitung des Strauches. An Wald- und Wegesrändern um Wörishofen findet man recht häufig diese Büsche, die bis zu 10 m hoch werden können. Das Holz wird wegen seiner Härte und Zähigkeit gerne von Schreinern und Drechslern verwendet. Als Heilpflanze kam Weißdorn erst im 19. Jahrhundert zu Ehren. Medizinisch werden Blätter und Blüten sowie die im frischen Zustand roten Beeren eingesetzt. In vielen pharmakologischen Untersuchungen konnte nachgewiesen werden, daß Weißdorn als „Herzfreund" ein ideales Mittel bei nachlassender Leistungsfähigkeit des Herzens (Altersherz), Beklemmungsgefühlen in der Herzgegend und bei leichten Formen von Herzrhythmusstörungen ist. Als Tee oder in Form von Tabletten und Tropfen dient Weißdornextrakt auch zur Normalisierung des Blutdrucks.

Johanniskraut *(Hypericum perforatum)* blüht strahlend gelb auf trockenen Böden, an Wald- und Wegrändern um Johanni. Beim Zerreiben sondert die Blüte einen roten Saft ab („Blutkraut"). Daneben hat sie auch noch perforiert erscheinende, starke Blätter („Tüpfelhartheu"). Viele Sagen ranken sich um die Pflanze, die als Zaubermittel gegen Dämonen und Blitzschlag galt. Zieht man die frischen Blüten mit Sonnenblumen- oder Olivenöl aus, so erhält man Johanniskraut- oder Rotöl, von dem schon Paracelsus überzeugt war, daß ein besseres Mittel zur Wundheilung auf der ganzen Welt nicht gefunden werde. Pfarrer Kneipp pries es als „herrlichen Balsam gegen Anschwellungen, Hexenschuß, Gichtverrenkungen". Zum Wissen um seine wohltuende Wirkung auf Psyche und Gemüt kam es erst in unserem Jahrhundert. Aufgrund des stimmungsaufhellenden,

antidepressiven Wirkstoffs Hypericin werden Johanniskrautzubereitungen innerlich vor allem zur Nervenstärkung angewendet. Allerdings kann Hypericin empfindlicher gegen Sonnenstrahlen machen und zu Sonnenbrand führen. Man sollte daher während der Einnahme von Johanniskrauttee, -saft, -tropfen oder -tabletten die Sonne weitgehend meiden oder sich wirksam gegen schädigende Sonnenstrahlen schützen.

Die **Berberitze** *(Berberis vulgaris)*, auch gemeiner Sauerdorn genannt, liebt warme trockene Wälder und Gebüsche. Botanisch interessant sind die reizempfindlichen Staubblätter, die bei Berührung zum Stempel hochschnellen. Das gelbe Holz ist äußerst hart. Die roten, walzenförmigen Beeren schmecken säuerlich. Neben dem Alkaloid Berberin enthalten sie Fruchtsäuren und werden deshalb Marmeladen zugemischt. Den Saft kann man sogar als Ersatz für Zitronensaft verwenden. Berberitzenblätter dienen als Zwischenwirt des gefährlichen Getreiderostes.

Im Juni verströmt vor allem nachts auf der Kurpromenade die **Winterlinde** *(Tilia cordata)* mit ihren bauschigen, gelben Blüten einen betörenden Duft. Ihre Blätter sind kleiner als die der Sommerlinde, die dafür noch stärker duftet. Lindenbäume können bis zu 1000 Jahre alt werden. Ein besonders eindrucksvolles Exemplar ist die Friedenslinde in Schöneschach aus dem Jahre 1648. Von allen Kulturen wird die Linde verehrt und als Dorflinde besungen. Sie ist der Baum „am Brunnen vor dem Tore". Sie war Stätte der Feme, Liebesbaum und Volkstanzstätte und schützt vor Blitz und Zauberei. Viele Ortsnamen enthalten ihren Namen. Das weiche Holz wird als Schnitzholz, sog. „Lignum sanctum = Heiligenholz" geschätzt. Medizinisch werden einige Tage nach dem Aufblühen gesammelte, sorgfältig getrocknete Blüten als schweißtreibender Tee bei Erkältungen angewendet.

109.
Weißdorn

110.
Johanniskraut

111.
Berberitze

112.
Winterlinde

109

110

111

112

Die **Apfelrose** *(Rosa villosa subsp. pomifera)* entdeckt der Wanderer als niedrigen Strauch bei Kirchdorf. Sie ist weich samtig behaart und eng verwandt mit der Heckenrose. Ihre kugeligen Scheinfrüchte von 1 bis 2 cm Durchmesser unterscheiden sich von den Hagebutten.

Akeleiblättrige Wiesenraute *(Thalictrium aquilegifolium)* findet man an feuchten Stellen im Zillertal. Sie ist in unseren Wäldern ziemlich weit verbreitet und fällt durch ihre weiß-violetten, zarten Blüten in einer Trugdolde auf. Die dünnen Blätter sind oft bläulich bereift. Die Gattung Wiesenraute ist ein Hahnenfußgewächs und umfaßt circa 85 Arten. Die vorliegende Art ist eine Pollenblume mit Insektenverbreitung. Die dreikantigen Früchte sind geflügelt.

Im Gegensatz zur Wohlriechenden Weißwurz, dem Salomonssiegel, wächst in den schattigen Wäldern am Moosberg die seltenere **Quirlblättrige Weißwurz** *(Polygonatum verticillatum)*. Als Liliengewächs ist sie eng mit dem Maiglöckchen verwandt. Ihr Stengel steht ziemlich gerade aufrecht mit zahlreichen Laubblättern, davon das letzte in vollkommen endständiger Stellung. Der Name der Weißwurzarten bezieht sich auf das eigentümlich gestaltete, schlangenförmige Rhizom. Die Beeren gelten als giftig. Auf abergläubische Vorstellungen geht eine Reihe von volkstümlichen Namen zurück wie „Neidkraut", wenn die Kühe „verneidet = verhext" sind, so daß sie keine Milch mehr geben.

Die **Rauschbeere** *(Vaccinium uliginosum)* wird auch Moosbeere oder Sumpfheidelbeere genannt. An feuchten Stellen des Moosbergs wächst dieses Heidekrautgewächs. Die nickenden, weiß-rosa Krugblütchen stehen zu mehreren am Stengelende. Die ganzrandigen Blätter sind etwas eingerollt und unten blau-grün. Im Winter verliert die Pflanze ihre Blätter. Die schwarzblauen Beeren haben ein weißes Fleisch und sind eßbar. Sie sind größer als Heidelbeeren. Eine berauschende Wirkung besitzen sie nicht, aber in großen Mengen genossen verursachen sie Kopfschmerzen und Erbrechen.

113.
Apfelrose

114.
Akeleiblättrige Wiesenraute

115.
Quirlblättrige Weißwurz

116.
Rauschbeere

113

114

115

116

Auf Schutthalden, an Acker- und Wiesenfluren weckt der **Klatschmohn** *(Papaver rhoeas)* Empfindungen an Hitze und die Stille eines heißen Sommertages. Er ist der strahlende Mittelpunkt von Erntekronen oder Wiesensträußen, obwohl er sehr bald seine schönen knallroten Kronblätter verliert. Die Blüten stehen einzeln am behaarten Stiel. Die Narbe trägt ein acht- bis zwölfstrahliges Schildchen, mit dem wir als Kinder stempelten. Man nennt den Klatschmohn auch Klapperrose, weil die Samen in den reifen Mohnkapseln klappern. Durch einen Löcherkranz am oberen Rand werden sie im Wind aus den Kapseln geschleudert. Alle Teile der Pflanze haben einen weißen, giftigen Milchsaft. Der Name „papaver" kommt vom keltischen Wort „papa = Brei". Man mischte Klatschmohnsaft dem Brei schreiender Babies zu, um diese zu beruhigen. Ägypter und Römer verwandten bereits aromatischen Mohnsamen zum Backen oder Würzen. Der bei uns zum Backen verwendete Mohnsamen stammt vom Schlafmohn. Obwohl viele Insekten rotblind sind und die Mohnblüte auch nicht duftet, finden sie diese über ein nur für das Insektenauge sichtbares Ultraviolett.

Die Benediktinermönche brachten den **Echten Salbei** *(Salvia officinalis)* aus dem Süden zu uns. Karl der Große ordnete an, den Salbei anzupflanzen. Sebastian Kneipp empfiehlt ihn für jeden Garten. Salbei ist ein aromatisches Würzkraut für Suppen, Geflügel, Soßen oder Fleisch („Saltimbocca"). Schon Hieronymus Bock gab die Empfehlung, man möge die Zähne mit Salbeiblättern reiben, sie würden dann „steiff und sauber" bleiben. Aufgrund seines ätherischen Öles wirkt Salbei abtötend und hemmend auf Bakterien, Pilze und Viren. Dies nutzt man gerne in Form von Mund- und Gurgelwässern. Seine Bitter- und Gerbstoffe sind hilfreich gegen Verdauungsstörungen, Blähungen und Darmkatarrh. Salbeitee und -tropfen sind innerlich genommen das Mittel der Wahl bei erhöhter Schweißsekretion, vor allem bei Nachtschweiß.

Wie das **Honiggras** *(Holcus lanatus)* ist auch die **Große Brennessel** *(Urtica dioica)* ein weit verbreitetes, schwer auszurottendes Unkraut. Urtica kommt von „urere = brennen", und so denkt wohl auch jeder zuerst an die brennenden Erfahrungen mit der Nessel. Als durchblutungsfördernde Anwendung haben bereits römische Ärzte das Peitschen mit Brennesseln empfohlen. Sebastian Kneipp kannte nicht nur das leinwandartige Nesselzeug aus dem Bast der Nessel, sondern er schrieb ihr „unschätzbare Heilkräfte" zu. Diese nutzt man heute gerne in Form von durchblutungsförderndem Brennesselhaarwasser, ausschwemmendem Tee oder als Extrakt aus Brennesselsamen, der gutartige Prostatabeschwerden wohltuend lindert. Brennesseljauche eignet sich sowohl als Dünge- als auch als Schädlingsbekämpfungsmittel im Garten. Als Zusatz zum Hühnerfutter ergibt Brennessel schöne gelbe Eidotter. Die Große Brennessel ist zweihäusig (dioica). Die männlichen Blütenstände stehen ab, die weiblichen hängen und bilden mehr Seitentriebe.

117.
Klatschmohn

118.
Echter Salbei

119.
Honiggras

120.
Große Brennessel

117

118

119

120

Wenn nicht Spaziergänger die beliebte Pflanze schon gepflückt haben, entdeckt man in den lichten Wäldern um Wörishofen das anmutige **Maiglöckchen** *(Convallaria majalis)* in kleinen Trupps. Dieser Blume gilt neben dem Veilchen und dem Vergißmeinnicht die meiste Sympathie. Sie verströmt einen betörenden Duft und gefällt mit ihren zierlichen, weißen Glöckchen. Der lateinische Gattungsname „Convallaria" bedeutet Tal-Lilie, der Artname „majalis" leitet sich von der Erd- und Maigöttin Maja ab und weist auf den Blütemonat hin. Die für alle Liliengewächse typischen sechs Blütenhüllblätter sind zu einem sechszipfeligen Glöckchen verwachsen. Das Maiglöckchen kann durch Selbstbestäubung zum Fruchtansatz kommen. Im Spätsommer entwickeln sich dann die scharlachroten, erbsengroßen Beeren, die weniger giftig sind, als die ganze blühende Pflanze. In Giftigkeit und Schönheit ähnelt das Maiglöckchen dem Fingerhut. Während dieser nach der Blüte abstirbt, sind Maiglöckchen mit ihrem Wurzelstock mehrjährig. Auch Maiglöckchen enthalten herzwirksame Glykoside, die in der Hand des Arztes bei akuter Herzschwäche eingesetzt werden.

Die Wurzeln der prächtigen, dunkelblauen **Schwertlilie** *(Iris germanica bzw. florentina)*, die in unseren Gärten wächst, lindert als Veilchenwurzel die Pein zahnender Kinder. Wild gedeihen diese Arten vor allem im Mittelmeergebiet und in Mexico. Veilchenwurzelpulver wird heute noch viel in der Parfüm- und Kosmetikindustrie verwendet.

Der Name **Basilikum** *(Ocimum basilicum)* bedeutet „königlich" und weist auf die Wertschätzung dieser Würzpflanze seit altersher hin. Sie ist einjährig und verlangt nach einem guten Boden und sonnigen Standort. Dafür belohnt uns dann der magenfreundliche Basilikum mit einem unvergleichlichen Aroma. Klassiker der Küche sind Tomaten mit Mozzarella und Basilikum oder grüne Pesto-Sauce zu Nudelgerichten. Diese besteht aus einem Gemisch von zerriebenen Basilikumblättern, Knoblauch, Pinienkernen und Olivenöl.

Der **Klappertopf** *(Alectorolophus glaber)* blüht als Halbschmarotzer auf unseren Wiesen und hat einen unscheinbaren, gelben Blütenrachen und auffällige, aufgeblasene Kelchbäuche. Sein Name weist auf die Form der seltsam gebauten Blüten hin: „alector = Hahn" und „lophos = Kamm". Die emporgehobene Oberlippe hat violette Zähne. Wenn man durch die Wiesen geht, klappern die Samen in den zusammengedrückten Kapseln. Als Halbschmarotzer färbt sich die Pflanze beim Trocknen schwarz.

121.
Maiglöckchen

122.
Schwertlilie

123.
Basilikum

124.
Klappertopf

121

122

123

124

Einen eigenartigen Tagesrhythmus haben die gelben, löwenzahnartigen Blüten des **Wiesenbocksbart** *(Tragopogon pratensis)*. Zwischen 9 und 10 Uhr öffnen sie sich, drehen sich dann mit der Sonne, um sich bereits gegen 12 Uhr wieder zu schließen. Die schmalen, langen Blätter umfassen den Stengel. Die Kelchblätter der vertrockneten Zungenblüten hängen lang und verdreht vom Blütenbodenkopf herab. Sie ähneln dann im Aussehen dem Bart eines Ziegenbocks. Wie der Löwenzahn enthält die Pflanze einen weißen Milchsaft („Milchblume") und eine im jungen Zustand angenehm schmeckende Spindelwurzel.

Ziemlich selten treffen wir in unseren Wäldern auf den Zwergstrauch der **Preiselbeere** *(Vaccinium vitis-idaea)*. Ihre braunen Blätter sind ledriger als die der Heidelbeeren, zurückgerollt, und fallen im Winter nicht ab. Die nickenden, rötlichen Blüten stehen in kleinen Trauben. Ihre herbsüßen Beeren (Kronsbeeren) tragen den vertrockneten Kelch als Krone. Neben Apfel- und Zitronensäure, Pektin und Gerbstoff enthalten diese Vitamin A und C. Eingemacht sind sie eine beliebte Beigabe zu Wild- und Fleischgerichten. Wie Bärentraubenblätter enthalten auch Heidelbeerblätter harnantiseptisches Arbutin und dienen so als Ersatz in Blasen- und Nierentees.

Der unscheinbare **Waldwachtelweizen** *(Melampyrum silvaticum)* ist ein Halbschmarotzer. Er hat neben grünen Blättern nur gelbbraune Blütenröhren. Melampyrum kommt von „melas = schwarz" und „pyros = Weizen", da die Samen wie Weizen aussehen und sich schwarz färben. Wegen ihres nektarartigen Saftes werden diese gerne von Ameisen verschleppt. Angeblich fressen auch Wachteln die Samen gerne.

Der häufig auf unseren Wiesen anzutreffende **Wiesenpippau** *(Crepis biennis)* hat auch löwenzahnähnliche Blüten und Blätter und führt in allen Teilen Milchsaft. Allerdings ist sein Stengel nicht hohl. Anspruchslos begnügt sich die hohe, verzweigte Pflanze mit dem kargen Boden von Schutthalden, Mauern oder Wegen. Der Samen dient als Kanarienfutter – daher auch der Name Vogeldistel.

125.
Wiesenbocksbart

126.
Preiselbeere

127.
Waldwachtelweizen

128.
Wiesenpippau

125

126

127

128

Am Wegrand in Untergammenried findet man mit Blick auf St. Rasso hohe Exemplare der ausdauernden **Bienen-Kugeldistel** *(Echinops sphaerocephalus)*. Als dekorative Zierpflanze steht diese wertvolle Bienenweide auch in vielen Gärten. Die Kugeldisteln sind ausdauernde, hochwüchsige Pflanzen mit wechselständigen, fiederspaltigen Blättern. Verbreitungsmittelpunkt der circa 70 Arten liegt im Mittelmeerraum. Der Name kommt aus dem Griechischen: „echinos = Igel" und „ops = Aussehen", da die Blütenköpfe eingerollten Igeln ähnlich sind.

Aus Kulturen verwildert wächst die Pflanze nun truppweise oder einzeln in Auen, Weinbergen, an steinigen Hängen, Bahndämmen oder in Steinbrüchen.

Mit ansehnlichen, weißen Trichterblüten klettert die **Ackerwinde** *(Convulvulus arvensis)* verbreitet auf Äckern, Feldern und an Zäunen. Die gestielten Blätter stehen wechselständig um den linkswindenden Stengel. In der Blattachsel stehen 1 bis 3 weiße Trichter mit 5 roten Streifen. Die angenehm duftenden Blüten schließen sich abends oder bei Regen. Die Pflanze wird auf Getreidefeldern als Unkraut gefürchtet, da sie Halme niederdrückt und wegen ihres tiefliegenden Wurzelstocks schwer auszurotten ist („Teufelszwirn, Teufelsdarm").

Das häufig vorkommende, zierliche **Gänsefingerkraut** *(Potentilla anserina)* zählt mit seinen goldgelben, fünfblättrigen Blütchen zu den Rosengewächsen. Die Blätter sind gefiedert und unten weiß behaart. Wie bereits der Volksname „Krampfkraut" andeutet, lobte auch Sebastian Kneipp die Wirkung der Blätter „bei Krampfanfällen, seien diese im Magen oder Unterleib". Wegen des hohen Gehaltes an Gerbstoffen eignet sich ein Teeaufguß gegen Durchfallerkrankungen. In der Volksmedizin gehört das Kräutlein zu den Frauenmitteln. Wie der Name „anser = Gans" andeutet, betrachten Gänse das kriechende Gewächs als Leckerbissen.

Das Feuchtbiotop des Kräutergartens ziert die **Weiße Seerose** *(Nymphea alba)*. Nymphea kommt von Nymphe, der Wasserjungfrau, die sich im Mondschein auf dem Blatt schaukelt. In sumpfig flachen Flüssen und Seen ist sie in ganz Europa verbreitet. Durch luftgefüllte Hohlräume schwimmen die Blätter auf der Wasseroberfläche. Die festwurzelnden Stiele sind seilartig, der Stamm kann armdick werden. Beim Pflücken sind schon manche unvorsichtige Kinder verunglückt, weshalb der Nymphenmythos die Seerose mit bösen Wassergeistern in Verbindung bringt. Durch vier kahnartige Kelchblätter schwimmen auch die wohlriechenden Blüten, die sich um 7 Uhr früh öffnen und gegen 17 Uhr wieder schließen.

129.
Bienen-Kugeldistel

130.
Ackerwinde

131.
Gänsefingerkraut

132.
Weiße Seerose

129

130

131

132

Unzählige Gräser und Seggen wachsen auf den Wiesen und an Wegrändern um Wörishofen. Sie gehören zu den einkeimblättrigen Pflanzen, und man unterscheidet Schein-, Sauer-, Rispen- und Riedgräser sowie Binsen.

Allein die Gattung der Riedgräser umfaßt über 500 Arten, die auch für geübte Botaniker nur schwer an Stengel- oder Blattform oder an der Art der Ährchen zu unterscheiden sind.

Dekorativ blühen an feuchten Stellen oder Bachrändern bei Schlingen die hellbraunen Ähren des **Rohrglanzgrases** *(Phalaris arundinaceae)*.

Bis zu 1 Meter hoch wird das **Land-Reitgras** *(Calamagrostis epigeios)*, auch Wald- oder Landschilf genannt. Die Landwirte fürchten es als wertloses, lästiges Ausläufergras. Die Rispe ist geknäuelt, die Ährchen sind kurzgestielt. Aufgrund seines kriechenden Wurzelstocks, der ein festes Ausläufergewirr bildet, eignet sich dieses Gras besonders zur Sand- und Hangbefestigung.

Im Juni blüht am Moosberg mit einer Rispe voller knopfrunder Ährchen das **Gemeine Knäuelgras** *(Dactylis glomerata)*. Sein botanischer Name kommt von „dactylis = fingerähnlich" und „glomerare = zusammenrollen" wegen der Blütenform.

Als ertragreiches, hochwertiges Wiesengras und vom Vieh gerne gefressen wird es in der Landwirtschaft sehr geschätzt. Trockenperioden übersteht es gut. Allerdings muß es rechtzeitig geerntet werden, damit es nicht hart verkieselt.

Etwa um die gleiche Zeit beginnt das **Wollige Honiggras** *(Holcus lanatus)* zu blühen. An einer aufrechten Rispe sitzen derbe, rötliche Ährchen mit einer doppeltgeschlechtlichen Blüte oben und darunter einer männlichen Blüte. Das lästige Unkraut trägt seinen Namen wegen der wolligen Behaarung der Blätter. Deshalb wird es auch vom Vieh gemieden und nur als Notfutter eingesetzt.

Während im Wald mehr die Rispengräser wie Waldflattergras, Waldschmiele oder Waldkeimsimse wachsen, sind die genannten Gräser neben Trespe, Wiesenrispengras, Glatthafer, Kammgras, Wiesenschwingel oder Wiesenlieschgras vor allem Wiesenpflanzen. Sie bilden den Hauptbestandteil der Heublumen, die sorgfältig geerntet, getrocknet und geschnitten zur Füllung der Kneippschen Heusäcke dienen. Den angenehmen, typischen Heuduft verleiht diesen vor allem das würzige Ruchgras (Anthoxanthum odoratum). Aufgrund des hohen Cumaringehalts verströmt dieses vor allem nach dem Trocknen den deutlichen Waldmeistergeruch. Während man früher vor allem den durch die Ritzen der Tenne fallenden Samen zur Füllung der Säckchen benutzte, hat sich heute in Versuchen nachweisen lassen, daß fein geschnittenes Heu diesem mindestens gleichwertig ist. Bei artenreichen Wiesen hat man neben der physikalischen Wärmewirkung auch noch die äußerliche Wirkung all der Kräuter, die auf der Wiese wachsen.

An Feldrändern begegnen wir vor allem Ährengräsern wie der Gemeinen Quecke, dem Taumelmolch oder Schafschwingel, sowie Seggen und Simsen.

133.
Rohrglanzgras

134.
Land-Reitgras

135.
Gemeines Knäuelgras

136.
Wolliges Honiggras

133

134

135

136

Die ursprünglich in Eurasien und Nordafrika beheimatete **Wegwarte** *(Cichorium intybus)* ist eine eigenartige Mischung von zarter, himmelblauer Blüte an derben, rauhhaarigen, verästelten Stengeln. Die Blätter sind zackig geschnitten. Die dünne spindelförmige Pfahlwurzel wird geröstet und gemahlen als Kaffee-Ersatz gebraucht. Vor allem in Kriegszeiten wurde der Zichorienkaffee viel getrunken. Die Pflanze liebt schwere, lehmige Böden und ist verbreitet an Wegrändern zu finden. Neben der Zichorie wurde aus der Wilden Wegwarte auch Chicorée kultiviert. Diese Speisepflanze wird wegen ihres mild-bitteren Geschmacks als Salat geschätzt. Als Bitterdroge hilft Wegwarte gegen Appetitlosigkeit und Magenbeschwerden. Der griechische Arzt Galen nannte sie „eine Freundin der Leber".

Die **Krauseminze** *(Mentha spicata)* ist insofern von Bedeutung, als eine Mischung zwischen Wasserminze und ihr als Bastard die medizinisch so wertvolle und geschätzte Pfefferminze (Mentha piperita) ergibt. Als Standort bevorzugen unsere Minzarten feuchte Wiesen, Bachufer und Grabenränder. Wahrscheinlich war die Krauseminze die zuerst medizinisch verwendete Minzart. Leonhart Fuchs erwähnt in seinem Kräuterbuch aus dem Jahre 1543 vier kultivierte Arten: den „kraußdeyment", „Krauser Balsam", Balsammüntz" und „frawen müntz". Adam Lonicerus beschreibt (1528–1586): „Die Krausen Müntzen werden vor den anderen erwehlet." Krauseminzwasser verwenden Hausfrauen zum Ausbügeln von Änderungsrändern der Kleidung.

Ein besonders schönes Exemplar des **Muskateller-Salbei** *(Salvia sclarea)* wächst im Garten des Dominikanerinnen-Klosters. Ursprünglich in Südeuropa und Südwestasien beheimatet, wurde er bei uns in Klostergärten kultiviert. So pflegt man noch heute nach über 1000 Jahren mehrere Pflanzen im historischen Klostergarten des Abtes Walafried Stabo auf der Bodenseeinsel Reichenau. Der Blütenkopf liefert mit seinem ätherischen Öl eine Essenz für die Parfüm- und Kosmetikindustrie. Ähnlich wie die des offizinellen Salbeis werden die Blätter als verdauungsförderndes Gewürz, schweißhemmender Tee oder für desinfizierende Gurgelwässer verwendet.

Jedes Kind kennt die blauen Köpfchen der **Rundblättrigen Glockenblume** *(Campanula rotundifolia)*, die uns als Acker- und Straßenblume erfreut. Ihr botanischer Name leitet sich ab von „campanula = Glöckchen". Der Stengel ist somit die Campanile. Die verschiedenen Arten unterscheiden sich vor allem durch die Form ihrer Blätter. Ihrer Form und Volkstümlichkeit verdankt sie auch die verschiedenen Namen wie Blauglöckchen, Muttergottesglöcklein oder Wiesenschelle. Kinder stülpen sie auf die Hand, um sie dann mit einem Knall zu zerschlagen. Als blaublühende Donnerblume zieht man im Volksglauben ein Gewitter an, wenn man sie pflückt.

137.
Wegwarte

138.
Krauseminze

139.
Muskateller-Salbei

140.
Rundblättrige Glockenblume

Am Rande von Äckern am Moosberg findet man gesellig und truppweise die unscheinbare, goldgelb blühende **Acker-Gänsedistel** *(Sonchus arvensis)*. Ihren volkstümlichen Namen hat sie als beliebtes Futter für Gänse. Wegen ihres gemeinen Vorkommens und ihrer Verwendung als gesätes Schweinefutter heißt sie auch Saudistel oder Schweinkohl. Die ausdauernde Pflanze führt einen Milchsaft, und aus den jungen Blättern kann man ein Mus bereiten. Die bis 150 cm hohen Stengel wachsen aus einem walzenförmigen, kriechenden Ausläufer. Die hohlen Laubblätter sind lanzettlich, buchtig fiederspaltig und grob dornig gezähnt. Als Getreideunkraut steigt sie bis zur oberen Getreidegrenze empor, während andere wie Klatschmohn oder Kornblume tiefer zurückbleiben.

Der lateinische Name des **Echten Springkrauts** *(Impatiens noli me tangere)* bedeutet „Rühr- michnicht- an" und weist auf eine Besonderheit der reifen, dreifächrigen Kapselfrucht hin. Bei der geringsten Bewegung springt diese auf und schleudert den Samen weit weg. Der Volksglaube meinte, daß die Pflanze erschrecke. Wir finden sie verbreitet in den feuchten Wäldern um Wörishofen. Die zitronengelben Blüten hängen an einem Stiel und ähneln einem Füllhorn. Innen sind sie rot gepunktet. An der Spitze haben sie einen zurückgekrümmten Sporn.

Im Gegensatz zur Echten Kamille sind die gelben Kugelköpfchen der **Strahlenlosen Kamille** *(Matricaria matricarioides)* nicht von einem Kranz weißer Strahlenblüten umrahmt. Wie diese bemerkt man die unscheinbare Pflanze an Weg- und Ackerrändern am typischen Kamillengeruch. Auch sie hat einen hohlen Blütenboden. Arzneilich wird sie nicht verwendet.

Wie die anderen Ampferarten findet man auch den **Sumpfblättrigen Ampfer** *(Rumex obtusifolius)* verbreitet in Gräben und auf Schutthalden. Er gehört zu den großblättrigen Ampferarten und wird deshalb im Volksmund auch Ochsenzunge, Sauzunge oder Wilder Tabak genannt. Des Blütenstandes wegen heißen diese Ampferarten auch Fuchsschwanz. Die Bezeichnungen Halber Gaul, Halbroß, Wildes Roß

oder Halbe Kuh sind wohl mehr als Spottnamen auf das verwahrloste Aussehen der Pflanze zur Fruchtzeit gedacht. In der Volksmedizin wurden die großen Blätter auf geschwollene, entzündete Körperteile oder Wunden gelegt. Die mit Schweinefett abgekochten Früchte galten als Mittel gegen Ruhr.

141.

Gänsedistel

142.

Echtes Springkraut

143.

Strahlenlose Kamille

144.

Sumpfblättriger Ampfer

141

142

143

144

Wie die meisten Knötericharten liebt auch der **Milde Knöterich** *(Polygonum mite)* am Moosberg den steinigen, feuchten Standort. Die einjährige Pflanze hat einen aufrechten Stengel, schmeckt nicht so scharf wie andere Arten, enthält aber wie diese auch Calciumoxalat. Die sehr verschieden aussehenden Knötericharten haben oft weitreichende Rhizome und meist zweigeschlechtige Blüten, die zu Scheintrauben vereinigt sind.

Der bisweilen zwergenkleine **Lämmersalat** *(Arnoseris minima)* liebt sandige Böden und kommt auch in Kiefernwäldern vor. Während er Trockenheit gut übersteht, sind vor allem die älteren Pflanzen frostempfindlich. Die kleinen Blütenköpfe enthalten 20 bis 25 Blüten, die eine Scheibe bilden und gerne von Fliegen besucht werden. Die einjährige Pflanze besitzt eine spindelförmige, weißgelbe Wurzel. Ihr Stengel ist am Grund stets rot überlaufen und gerade zur Blütezeit nach oben hin keulig verdickt und hohl.

Den **Breitblättrigen Wegerich** *(Plantago major)* kann man an Blattform und der Farbe der Staubbeutel leicht vom Mittleren und Spitzwegerich unterscheiden. Seine rundlich breite Blattfläche hat 7 Nerven, die beim Zerreißen herausgezogen werden können. Beim Orakelspiel für die Lebensdauer zählt ein Nerv dann für 10 Jahre. Unsere Vorfahren nannten die Pflanze auch „Nervenkraut" und schrieben ihr fälschlicherweise nervenstärkende Wirkung zu. In den Schuh eingelegt sollen die Blätter müde Wandererfüße erfrischen und stärken. Da der Breitblättrige Wegerich von den Einwanderern nach Nordamerika eingeschleppt wurde, nannten ihn die Indianer „White man's foot". Pharmazeutisch wird der Spitzwegerich gebraucht. Der Breitwegerich eignet sich dagegen für Suppen und Salate. Eine verwandte Art, Flohsamenkraut (Plantago afra), liefert den feinen Flohsamen. Dieser dehnt sich in Wasser gewaltig zu einer breiigen Masse aus. Diesen Quelleffekt nutzt man als mildes, unschädliches, physikalisches Abführmittel.

Überall trifft man auf Wiesen und an Wegrändern den kriechenden **Weißklee** *(Trifolium repens)*, der seinen Namen den weiß-rosa, eiförmigen Blütenköpfchen, die nach Honig riechen, verdankt. Der niederliegende Stengel wurzelt und richtet nach dem Weiterkriechen seine Spitze wieder auf. Sein Blatt ist das Nationalzeichen der Iren, deren Nationalheiliger St.Patrick der Legende nach das Dreiblatt in seinen Predigten zur Erklärung der Dreifaltigkeit benutzt hat. Daneben finden wir das Kleeblatt oft als steinernes Schmuckelement in gotischen Bauten.

145.
Milder Knöterich

146.
Lämmersalat

147.
Breitblättriger Wegerich

148.
Weißklee

145

146

147

148

Sein Name weist auf die Ähnlichkeit seiner Blätter mit denen von Weiden hin. Trotzdem zählt der **Gilbweidrich** *(Lysmachia vulgaris)* zu den Primelgewächsen. Die goldgelb blühende Pflanze bringt in den Kräutergarten leuchtende Farbtupfer. Sie liebt feuchte Standorte. Die Blütentrauben stehen in den Blattwinkeln der quirlig angeordneten Blätter. Die fünf Kelchzipfel sind rotgesäumt, die Kronblätter tief zerteilt. Die für Primelgewächse typische Kronröhre ist nur sehr kurz und daher unauffällig.

Die bevorzugt an feuchten, schattigen Orten, in Auwäldern und in Flußufergebüschen vorkommende **Krausedistel** *(Carduns crispus)* findet man im Juni auch am Ufer der Wertach. Das zweijährige Kraut kann bis zu zwei Meter hoch werden und besitzt eine spindelförmige Wurzel. Sie ist eine veränderliche Pflanze und gehört dem eurosibirischen Element an. Hier bevölkert sie neben höheren Berglagen vor allem die Erlen- und Pappelauwälder größerer Ströme. Die oben verästelten Stengel sind weichstachelig, wollig behaart und zerbrechlich, die purpurnen Blütenköpfe in der Regel drei- bis fünffach gehäuft. Disteln gelten in der Sage und in der Geschichte als Sinnbild eines gereizten Ehrgefühls. Sie sind die Wappenblume Schottlands und sollen nach der Lehre von der Signatura verum wegen ihres stacheligen Äußern gegen inneres Stechen wirksam sein.

Im Mittelalter glaubte man, daß der **Wiesensalbei** *(Salvia pratensis)* dann gedieh, wenn es dem Herrn des Hauses gut ging, und daß ungünstige Zeiten durch Vertrocknen und Absterben angezeigt würden. An Wegrändern um Wörishofen fällt sofort die prächtige violette Blume mit ihrer sichelförmigen Oberlippe auf. Der Stengel ist vierkantig, behaart und klebrig. Setzt sich eine Hummel auf die typische Lippenblüte, so werden die verborgenen Staubgefäße durch einen Hebelmechanismus herausgedrückt und bestäuben den Rücken der Hummel. Der angenehm riechenden Pflanze schreibt man ähnliche Wirkungen zu wie dem offizinellen Salbei. So wirkt das ätherische Öl äußerlich desinfizierend in Gurgelwässern, innerlich lindernd bei Magen- und Darmbeschwerden sowie gegen Nachtschweiß.

Das **Weiche Labkraut** *(Galium mollugo)* ist verwandt mit dem Kaffee- und Chinarindenbaum. „Galium" kommt von „gala = Milch", denn die Pflanze bringt wie das Lab des Rindermagens („Labkraut") die Milch zum Gerinnen. Wie am Flugplatz ist das Rötegewächs weit verbreitet mit seinen fülligen, weichen Rispen, die mit kleinen weißen Blütchen übersät sind. Die achtblättrigen Quirle erinnern an Waldmeisterblätter. Wegen des angenehmen Duftes ist die Pflanze beliebt bei Bienen und Weidevieh.

149.
Gilbweidrich

150.
Krausedistel

151.
Wiesensalbei

152.
Weiches Labkraut

149

150

151

152

Am Moosberg wächst der zunächst niederliegende, dann ansteigende **Persische Klee** *(Trifolium resupinatum)*, auch Wendeblumenklee genannt. Er ist einjährig. Die Blättchen sind verkehrt eiförmig. Der Name kommt vom lateinischen „resupinare = wiederumkehren", da die Krone der Blüte so umgewendet ist, daß die Fahne nach außen, das Schiffchen dagegen nach innen schaut. Eine Pflanze besitzt bis zu 57 blattachselständige Blütenstände. Um die Mittagszeit verströmt die sonst geruchlose Pflanze starken Honigduft. Neben Wiesen, Äckern und auf Ödland wächst diese Kleeart gerne auf Salzböden. In Persien wird die Art seit langem als reichliches und gutes Futter angebaut. Nördlich der Alpen lohnt sich dagegen der Anbau wegen der hohen Wärmeansprüche nicht.

Beim **Gänsefingerkraut** *(Potentilla anserina)* weist schon der Name auf die meist fünfzähligen Blätter hin. Wie am Unteren Hardt findet man dieses Rosengewächs meist an feuchten Stellen. Der Name weist darauf hin, daß das Kraut besonders von Gänsen gerne gefressen wird.

Der **Traubenholunder** *(Sambucus racemosus)* wächst bei uns wild, wird aber auch kultiviert. Wegen seiner scharlachroten, kleinen Beeren, die viel Vitamin C enthalten, wird er auch Roter Holunder genannt. Die Rinde enthält Bast, Gerb- und Bitterstoff sowie ein abführendes Harz. Die Blüten der eiförmigen Rispe sind gelblich-grün, die Blätter mit etwa fünf Teilblättern gefiedert. Die Beeren geben einen guten Saft und ein schmackhaftes Gelee. Der Trauben- oder Hirschholunder wird maximal vier Meter hoch und besitzt ein hellbraunes Mark. Tiere meiden Holunder, da er ein Glykosid enthält, das Blausäure in kleinen Mengen abspaltet. Es wird sogar behauptet, daß man Maulwürfe durch das Einlegen von frischen Holunderzweigen aus ihren Gängen vertreiben kann.

153.
Traubenholunder

154.
Persischer Klee

155.
Gänsefingerkraut

156.
Traubenholunder

153   154

155   156

Der Volksmund verwechselt als Tee sehr oft den **Holunder** *(Sambucus niger)* mit dem Flieder. So stammt schweißtreibender „Fliedertee" von den Blüten des Holderstrauches. Diesen findet man in Wörishofen häufig an Feldstadl angelehnt oder in Gärten. Während der Blüte erfüllt er die Juniluft mit betörendem Duft. Die Blüten wässert man zunächst gut, dann werden sie in Pfannkuchenteig getaucht und in schwimmendem Fett zu Hollerküchle gebacken. Die Germanen glaubten, daß Freya, die Beschützerin von Haus und Hof, im Holunderbusch wohne. Deshalb war es Sitte, einen Holunderbusch in der Nähe des Hauses zu pflanzen. „Es soll kein Haus geben", sagte Kneipp, „wo der Holunder nicht gleichsam als Hausgenosse in der Nähe wäre." Im Sommer werden die Blüten geerntet, die Glykoside, ätherisches Öl, Fruchtsäuren und Vitamin C enthalten. Tee aus Holunderblüten wirkt schweißtreibend bei Erkältungskrankheiten und vermehrt die Bronchialsekretion. Die noch grünen Beeren dienen als Kapernersatz. Weingärtner wissen, daß kein Star an die Trauben geht, solange er die reifen, schwarzen Holunderbeeren als Lieblingsspeise hat. Aus diesen werden auch die köstliche Holundersuppe, -sekt, -mus oder -gelee zubereitet. Aus den jungen Holunderzweigen, mit ihrem weichen, weißen Mark fertigen Kinder Pusterohre an.

Die blauen Köpfchen der Glockenblumen sind bereits jedem Kind bekannt und werden gerne für Wiesensträuße gesammelt. Angeblich ziehen sie wie viele blaublütige „Donnerblumen" beim Pflücken Regen oder Gewitter an. Die vielen Arten unterscheiden sich durch ihre Blattformen. Bei der häufig verbreiteten, zweijährigen **Wiesenglockenblume** *(Campanula patula)* ist die blau-violette Blumenkrone weit, trichterförmig und bis zur Mitte in fünf eilängliche, gespitzte kahle Zipfel gespalten. Die unteren Blätter sind elliptisch, die folgenden zungenförmig oder länglich, die oberen lanzettlich.

Die **Engelwurz** *(Angelica archangelica)* wurde in nordischen Ländern häufig als Kulturspeisepflanze angebaut. Die Wurzel, die frisch nach Sellerie und Möhren duftet, enthält ätherisches Öl, Bitter- und Gerbstoffe, Zucker, Stärke und Harze. Während der Pestepidemien im 14. Jahrhundert, der allein in Europa 30 Millionen Menschen zum Opfer fielen, soll der Erzengel Raphael auf die heilsamen Kräfte der Angelika hingewiesen haben. Ihm zu Ehren wurde sie benannt. Als Standort bevorzugt sie feuchte Stellen. Das angenehm würzige, pfefferartig schmeckende ätherische Öl ist Bestandteil vieler Magenbitter wie Benediktiner oder Karthäuserlikör und verfeinert manches Gericht. Hieronymus Bosch schreibt: „Angelicawurtzel bringt lust zum essen, befürdert die dauung und ist dem hertzen trefflich gut." Engelwurz regt die Magensaftproduktion an. Sie lindert bei Blähungen, Völlegefühl und Magen- und Darmstörungen.

Der **China-Rhabarber** *(Rheum officinalis)* gehört zu den ältesten Arzneipflanzen. Er stammmt aus Tibet und war bereits Mitte des dritten vorchristlichen Jahrhunderts in China bekannt. Im Gegensatz zum verwandten Gartenrhabarber, dessen leicht verdauungsanregende Wirkung den Fruchtsäuren und Pflanzenfasern der Stengel zu verdanken ist, enthält geschälte Rhabarberwurzel laxierende Glykoside. In kleinen Mengen dienen diese als appetitanregendes Magenmittel, höher dosiert als gut wirksames Abführmittel über eine Anregung des Dünndarmes. Wegen vermehrten Blutandranges im Becken sollten Schwangere und an Hämorrhoiden Leidende Rhabarberwurzel nicht verwenden.

157.
Holunder

158.
Wiesenglockenblume

159.
Erzengelwurz

160.
China-Rhabarber

157

158

159

160

Sommer

Der **Waldziest** *(Stachys silvatica)* wird auch Waldnessel genannt, denn seine Lippenblüten erinnern an die der Taubnessel. Er gedeiht häufig in Gebüschen, Hecken und in feuchten Laubwäldern, so auch im Eichwald. Die Blüten der bis zu 120 cm hoch werdenden Pflanze befinden sich alle in der fast ährigen Spitze. Die volksmedizinische Verwendung als schweißtreibendes Mittel konnte nicht bestätigt werden.

Am Moosberg findet man im Juni häufig den weiß blühenden **Bergklee** *(Trifolium montanum)*, dessen länglich-spitze, scharf gesägte Blätter ohne Stiel am behaarten Stengel sitzen. Sie sind unten weich behaart. Die Blüte duftet angenehm.

Die rötlich violette Blüte der **Wiesenflockenblume** *(Centaurea jacea)* steht meist einzeln auf einem kugeligen Hüllkelch am hohen Stengelende und hat Ähnlichkeit mit der Kornblume. Die Blüten im Körbchen sind alle fünfzipfelige Röhrenblüten, die nur im Innern Nektar tragen. Die Blätter sind je nach Feuchtigkeit des Standorts verschieden geformt. Wegen ihres kugelig dicken Blütenkopfes heißt sie auch Dickkopf oder Hosenknopf. Der lateinische Name „Centaurea" geht ähnlich wie bei der Schafgarbe auf die Sage zurück, daß der heilende Kentaur Chiron ihre Heilkraft gegen Brüche und innere Verletzungen entdeckt haben soll.

Als gelb-violetten Farbtupfer findet man über den ganzen Sommer auf vielen Wiesen und Weiden den **Gemeinen Hornklee** *(Lotus corniculatus)*. Die einzelnen Schmetterlingsblüten stehen zu fünfen in einer langgestielten Dolde. Die zweipaarig gefiederten Blätter sind nicht typisch für eine Kleeart und nehmen nachts eine Schlafstellung ein. Bienen und Hummeln betätigen beim Besuch dieser Bienenweide eine Pumpen-Bestäubungsvorrichtung. Beim Niedersetzen auf den Flügel wird das Schiffchen der Blüte herabgedrückt. Dabei pressen die Staubfäden wie der Kolben einer Pumpe den klebrigen Blütenstaub aus der Schiffchenspitze an den Bauch des Nektar saugenden Insekts. Der Name dieser geschätzten Futterpflanze bezieht sich auf die hornförmig gekrümmte Hülsenfrucht.

161.
Waldziest

162.
Bergklee

163.
Wiesenflockenblume

164.
Gemeiner Hornklee

161

162

163

164

Der lateinische Name „Myosotis" der zu den Rauhblattgewächsen gehörenden Vergißmeinnicht-Arten bedeutet „Mausöhrchen". Sie gehören zu den Blumen, deren sich der Volksmund am meisten angenommen hat. Seit altersher gelten diese blauen Blumen als Sinnbild der Treue. Verbreiteter als das am Flugplatz blühende **Ackervergißmeinnicht** *(Myosotis arvensis)* sind Wald- und Sumpfvergißmeinnicht.

Eine ausgesprochene Seltenheit ist der am Moosberg vorkommende **Gemeine Frauenspiegel** *(Legonzia speculum veneris)*. Er war in unserer Flora lange verschollen. Als am Moosberg ein Getreidelehrpfad angelegt wurde, das Biotop also wieder stimmte, konnte man plötzlich dieses einjährige, ästige Kraut mit seinen dunkelvioletten Blüten wieder entdecken. Frauenspiegel gedeiht auf lehmigen Äckern und gehört zur Familie der Glockenblumengewächse. Nach seinem Standort heißt er in der Schweiz „Chornblümli", nach der Blüte in Kärnten „Muttergottesaugen".

Das **Pfennigkraut** *(Lysmachia nummularia)* fühlt sich am wohlsten an Ufern und Gräben. So findet man diesen „Rundblättrigen Gilbweidrich", wie es auch heißt, am Bachrand in Schlingen. Dieses Primelgewächs kommt relativ häufig vor. Es ist zu erkennen an den einzeln stehenden, zitronengelben Blüten, die innen rot gepunktet sind, und an den runden, gegenständigen Blättern, die oft wellig sind. Der Name „Nummularia" kommt von „nummula, d. h. kleine Minze".

Die Wolfsmilchgewächse verdanken ihren Namen der nach dem Abbrechen aus der Bruchstelle quellenden giftigen, weißen Milch. Der Name „Euphorbium" der am Stausee blühenden **Zypressenwolfsmilch** *(Euphorbia cyparissias)* geht auf den im Altertum berühmten Leibarzt Euphorbius zurück. „Cyparissias" weist auf die zypressenähnlichen Blätter hin. Die bis 30 cm hohe Pflanze fällt wegen ihres vielstrahligen Doldenschirmes auf, in dem die sogenannten „Blüten" stehen. Jeder Strahl trägt zwei Blüten. Die becherförmige, gelbgrüne Hülle der Wolfsmilch hat eine Stempel- und mehrere Staubblüten

sowie halbmondförmige, gelbe Drüsen. Die schmalen Blätter ähneln Tannennadeln. Ein wunderschönes Naturbild ist der Besuch einer bunten Raupe des Wolfsmilchschwärmers auf der Pflanze.

165.
Ackervergißmeinnicht

166.
Gemeiner Frauenspiegel

167.
Pfennigkraut

168.
Zypressenwolfsmilch

165

166

167

168

Arzneilich wird von der **Blutwurz** *(Potentilla erecta)* der Wurzelstock verwendet, den man auch Tormentillwurz nennt. Dieser läuft nach dem Anschneiden sofort blutrot an – daher der Name! Der Wurzelstock wird zwischen März und Mai oder im Spätherbst ausgegraben und enthält 15 bis 20 % Catechingerbstoff, der sich beim Lagern allmählich rot färbt. Blutwurztee sollte mindestens zehn Minuten in kochendem Wasser ziehen. Innerlich wendet man diese kräftig adstringierende Abkochung gegen Durchfallerkrankungen, äußerlich als Gurgelmittel bei Zahnfleisch- und Schleimhautentzündungen sowie bei schlecht heilenden Wunden an. Die medizinische Anwendung ist seit dem 4. Jahrhundert bekannt. In den Kräuterbüchern des 16. Jahrhunderts schreibt man dem Tormentill, auch „Teufelsabbiß" genannt, sogar heilende Wirkung gegen den Schwarzen Tod, die Pest, zu. Im Gegensatz zu anderen Rosengewächsen wie den nahestehenden Fingerkräutern haben die Blüten der Blutwurz nur vier gelbe Blütenblätter. Die häufiger drei- bis fünfzähligen Grundblätter welken vor den Blüten. Der lateinische Name „tormentum" bedeutet Marter und Folter. Auf mittelalterlichen Tafelgemälden ist daher Blutwurz auch die Symbolpflanze für die Marter Jesu. Kneipp lobte dieses Heilkraut: „Tormentill . . . ist sehr gut, ich habe selber viele Tormentillpulver bereitet und die schönsten Erfolge damit erzielt."

Die **Zweiblättrige Schattenblume** *(Maianthemum bifolium)* bedeckt im Frühling in großen Mengen die schattigen Böden des Eichwalds. Unter der unscheinbaren Blütentraube stehen in zwei Ebenen je zwei spitzherzförmige Blätter. Vor der Blüte treibt die Pflanze nur ein einziges Blatt. Die zunächst weißen, später glänzend roten Beeren sind giftig.

Die vielen Arten des **Habichtskrauts** *(Hieracium ssp)* werden wegen ihrer ähnlichen Blüten oft mit dem Löwenzahn verwechselt. Der Name soll daher kommen, daß man die Pflanze oft dort findet, wo Habichte horsten. Im Gegensatz zum Löwenzahn hat sie keinen hohlen Stengel und blüht von Mai bis Oktober häufig in Wäldern und an steinigen Stellen. Die Blätter stehen als Rosette am Fuße des Stengels.

Graslilien sind ausdauernde, mittelgroße Kräuter mit grundständigen, rosettenartigen Laubblättern. Die am Flugplatz blühende **Astlose Graslilie** *(Anthericum liliago)* zählt zu den nacheiszeitlichen Wärmezeitüberbleibseln. Als Blütenstand hat sie eine unverzweigte, endständige Traube von mittelgroßen, gestielten, weißen Blüten. Die Gattung umfaßt etwa 50 Arten, die vor allem in Afrika verbreitet sind. Sie bevorzugt steinige, buschige Abhänge, sandige Äcker und trockene Wälder. Die Endsilbe „-ago" zeigt an, daß die Pflanze lilienähnlich ist.

169.
Blutwurz

170.
Zweiblättrige Schattenblume

171.
Habichtskraut

172.
Astlose Graslilie

169

170

171

172

Neben naturnahen Magerwiesen besitzen die meist auf moorigem Grund wachsenden Kohldistel-Wiesen noch eine ziemlich artenreiche Flora. So wächst hier im Frühjahr neben Sumpfdotterblume, Wiesenschaumkraut, Roter Lichtnelke und Kriechendem Günsel auch die fleischrote **Kuckucks-Lichtnelke** *(Lychnis flos cuculi)*. „Lychnis" bezeichnet im Griechischen jeden leuchtenden Körper, „flos" ist die Blume. Die Blüten stehen in einer Trugdolde. Typisch sind die vierfach zerschlitzten Blütenblätter dieser Nelkenart, die bis zu einem halben Meter hoch werden kann. Wegen dieser durcheinander hängenden Blütenzipfel nennt man die Blume in Süddeutschland auch „Schlampetes Madli". Ähnlich wie beim Wiesenschaumkraut ist die Pflanze öfters mit dem Schaum der Larve der Schaumzikade bedeckt. Diesen nennt der Volksmund Kuckucksseife, da man ihn diesem Vogel zuschrieb.

Ein weiteres auffallendes Nelkengewächs ist das **Aufgeblasene Leimkraut** *(Silene vulgaris)*, das seinen Namen dem aufgeblasenen Kelch unter dem weißen Blütenstern verdankt. Obwohl es Leimkraut heißt, fehlt der ausgeschwitzte Leimring am Stengel, der zum Beispiel die Blüte der Pechnelke vor ungebetenem Besuch von Ameisen und Käfern schützen soll. Die Blüten sind zum Teil zweihäusig. Der Kelch besitzt 20 untereinander verbundene Adern. Da man ihn mit einem Knall platzen lassen kann, heißt die Pflanze volkstümlich auch Knallkraut, Knallpatsch oder Büchsenpuffer. Nur Nachtfalter können mit ihren langen Rüsseln den Honig vom Blütengrund saugen und die Blüte dabei bestäuben. Deshalb entfalten sie sich bevorzugt am Abend.

Der Name „Galeopsis" für den **Gemeinen Hohlzahn** *(Galeopsis tetrahit)* kommt von der Ähnlichkeit der Blüten mit einem Iltiskopf: „gale = Wiesel", „opsis = Aussehen". Die Verwandtschaft dieses Lippenblütlers zur Nessel erkennt man an den nesselartigen Blättern. Er heißt deswegen auch Gemeine Hanfnessel. Der oft recht kräftige Stengel besitzt meist stark angeschwollene Gelenkknoten mit rückwärts abstehenden Borstenhaaren. Die reichblütigen Scheinquirle sind oft fast kugelig mit verdornten Vor-

blättern. Der Hohlzahn ist am Moosberg sehr verbreitet.

In trockenen Wäldern, auf Waldwegen und kultiviert auch in Gärten findet man die **Pfirsichblättrige Glockenblume** *(Campanula persicifolium)*, deren längliche, kleingesägte Blätter an Pfirsichblätter erinnern. Die weiten hellblauen Blütenglocken werden bis zu 4 cm lang und stehen in wenigblütigen Trauben. Die aufrecht stehende Fruchtkapsel erinnert an einen Kreisel, der in der Mitte aufspringt.

173.
Kuckucks-Lichtnelke

174.
Aufgeblasenes Leimkraut

175.
Gemeiner Hohlzahn

176.
Pfirsichblättrige Glockenblume

173

174

175

176

Im Juni bildet die **Vogelwicke** *(Vicia eracca)* mit ihren violetten Blütentrauben am Moosberg wunderschön leuchtende Farbteppiche. Der botanische Name „Vicia" kommt von „vincere = ranken", einer Eigenschaft, die bei der Zaunwicke noch stärker ausgeprägt ist. Man findet die Pflanze dort auch am Getreidelehrpfad, wo sie mit der Wickelranke am Ende der gefiederten Blätter Getreidehalme umschlingt. Auch der behaarte Stengel ist windend. Die einzelnen Schmetterlingsblütchen können bis zu 1 cm lang werden. Plinius hielt die Vogelwicke für eine entartete Hülsenfrucht, nach deren Genuß Tauben ihren Schlag nicht mehr verlassen.

Ebenfalls am Moosberg findet man die **Wilde Platterbse** *(Lathyrus silvester)* mit ihren zartrosa Schmetterlingsblüten. Ihre Blätter besitzen am Ende keine Wickelranken. Die Blüten haben einen auffallenden Farbwechsel von Purpurrot nach Blau.

Das **Gemeine Hexenkraut** *(Ciraea lutetiana)* ist nach der Stadt Paris, dem lateinischen Lutetia, benannt. Dieses ausdauernde, bis 60 cm hohe Kraut kommt truppweise im feuchten, schattigen Wald um Hartenthal vor. Die Pflanze besitzt einen holzigen, langgliedrigen Wurzelstock mit federkieldicken, waagrecht verlaufenden, an der Spitze verdickten Ausläufern. Der Stengel ist im unteren Teil rund und kahl, weiter oben undeutlich kantig, flaumhaarig und brüchig. Die herz-eiförmigen Blätter sitzen an oberseits rinnigen Stielen. Auch die Blüte sitzt als sich verlängernde Traube auf kurzen, flaumigen Stielen. Der Name Hexenkraut ist wohl nur über den lateinischen Namen ins Volk gedrungen. Aus Thüringen kommt auch die Bezeichnung Oelfen-(= Elfen)blume.

Auf feuchten Wiesen und am Bachrand um Schlingen trifft man den **Großen Wiesenknopf** *(Sanguisorba officinalis)* an. Der botanische Name Sanguisorba leitet sich ab von „sanguis = Blut" und „sorbere = absorbieren", da das Kraut blutstillend wirkt. Wegen der dunkelpurpurnen Köpfchen, bei denen unten die männlichen, in der Mitte die zweigeschlechtigen und oben die weiblichen Blüten sitzen, nennt der Volksmund dieses Rosengewächs auch Blutströpfchen.

Kronblätter fehlen, die Blätter sind unpaarig gefiedert. Die blutstillende Wirkung beruht auf dem hohen Gehalt der Pflanze an Gerbstoff. Deshalb wird sie in der Homöopathie auch gegen Darmstörungen und Durchfall verwendet. Als Wildsalat ist der Große Wiesenknopf weniger schmackhaft als der Kleine Wiesenknopf.

177.
Vogelwicke

178.
Wilde Platterbse

179.
Gemeines Hexenkraut

180.
Großer Wiesenknopf

177

178

179

180

Auf einer Waldlichtung am Moosberg begegnen wir auf engstem Raum drei prächtigen Fingerhutarten: roter, gelber und großblütiger Fingerhut.

Der englische Arzt William Withering entdeckte im Jahre 1775 als erster nach einem Hinweis eines Kräuterweibleins die lindernde Wirkung eines Teeaufgusses gegen Herzwassersucht. Das war der Beginn der sogenannten „Digitalis-Therapie". Nachdem die damaligen Extrakte natürlich noch nicht standardisiert waren, mußte man sich auf atemberaubende Weise an die heilende Dosis herantasten. 1824 ließen sich die Herzglykoside erstmals in Reinform herstellen. Heute kennt jeder Fingerhut als Lieferanten der Herzglykoside Digoxin und Digitoxin, die in Form von Tabletten standardisiert und exakt niedrigst dosiert zur Stärkung des Herzmuskels und Verlangsamung des Pulses ärztlich verordnet werden.

Die zweijährigen Pflanzen lieben sandige, kalkarme Böden. Sie werden gerne auch als Zierpflanzen im Garten gepflanzt, doch sollte man gerade bei kleineren Kindern bedenken, daß sie in allen Teilen giftig sind. Im Englischen nennt man sie deswegen „death men's bell". Der Gattungsname Digitalis kommt aus dem Lateinischen „digitus = Finger". Die purpurfarbenen, mit Weiß umrandeten, fleckengemusterten Blüten des **Roten Fingerhuts** *(Digitalis purpurea)* hängen an einem aufrechten, behaarten Stengel, der bis zu 1 Meter hoch werden kann. Die ei-lanzettlichen Blätter sind unscheinbar, da sie als Grundrosette flach am Boden aufliegen. Die Pflanze blüht im zweiten Jahr und stirbt nach dem Samenabwurf ab. Die ekelhaft schmeckenden, gekerbten Blätter erzeugen Schwindel, Erbrechen, in großen Dosen sogar tödliche Herzlähmung. Wegen der geringen therapeutischen Breite, d. h. der schmalen Grenze zwischen heilender Dosis und Dosierung mit schädigender Nebenwirkung, gehört die Therapie mit Fingerhutpräparaten unbedingt in die Hand des Arztes. Die Wirkstoffe des Fingerhutes nennt man Herz-„glykoside", da sie in der Pflanze an einen Zuckerrest (Glucose) gebunden sind.

Nicht so oft trifft man auf den **Gelben Fingerhut** *(Digitalis lutea)*. Er hat einen kahlen, aufrechten Stengel. Die Blätter sind dagegen mit Wimperhärchen besetzt. Die Fruchtkapsel sitzt in dem kleinen Kelch, dessen Zipfel einnervig sind. Die ebenfalls giftige Pflanze ist vollkommen geschützt.

Der gelbe, innen braun behaarte **Großblütige Fingerhut** *(Digitalis grandiflora)* heißt im Volksmund auch Waldschelle oder Handschnahblume. Der kräftige, bis 1 Meter hohe Stengel ist unten stumpfkantig. Die hellgrünen Blätter sind gesägt und gewimpert. Die behaarte Fruchtkapsel ist länger als der Kelch.

Allein der Anblick dieser drei prachtvollen Exemplare einer klassischen Arzneipflanze lohnt den Spaziergang durch die Wälder des Moosberges. Allerdings sei noch einmal betont, daß es sich hierbei um Ausgangspflanzen für rezeptpflichtige, stark wirksame Medikamente und nicht um milde Heilkräuter im Kneippschen Sinne zur Selbstmedikation handelt.

181.
Roter Fingerhut

182.
Gelber Fingerhut

183.
Großblütiger Fingerhut

184.
Roter Fingerhut
(weißblühende Form)

181

182

183

184

Auf Lehmäckern und Brachland am Unteren Hardt blüht von Juli bis September häufig die **Acker-kratzdistel** *(Cirsium arvense)*. Als Distelart hat sie kugelige Köpfchen mit lauter zweihäusigen, violetten Röhrenblüten, die wie lockere Trauben am Stengel-ende stehen. Die Haarkrone besteht aus gefiederten Haaren. Die lanzettlichen Blätter sind dornig bewimpert. Die Pflanze vermehrt sich durch Wurzelausläufer und ist daher ein von den Landwirten gefürchtetes, schwer auszurottendes Unkraut. Artistisch hängt sich der Distelfink an diesen Korbblütler, um die Samen herauszupicken.

Das unscheinbare, genügsame **Kleinblütige Knopfkraut** *(Gralinsoga parriflora)* wird auch Teufels- oder Hexenkraut genannt. Die Namen Knopfkraut oder Goldköpfchen beziehen sich auf die winzigen, aber trotzdem auffallenden gelben Korbblütchen, die von nur fünf weißen Strahlenblüten umsäumt sind. Da seine Einschleppung aus Peru zeitlich mit der Franzoseninvasion zusammenfiel, nennt man es auch Franzosenkraut. Die Pflanze ist einjährig, buschig und besitzt unten einen abgerundet sechskantigen Stiel. Die Trugdolden entspringen am Stengelende und aus den Blattachseln. Das Pflänzchen tritt stellenweise massenhaft auf Kulturland als Unkraut auf, vereinzelt an Schuttplätzen, Straßen, ja sogar an Mauern und in Blumentöpfen. Seine warme Heimat Südamerika merkt man daran, daß das Knopfkraut bei geringstem Frost abstirbt.

Verbreitet findet man am Moosberg und auf anderem Ackerland und Schutthalden den **Krausen Ampfer** *(Rumex crispus)*. Die Gattung Ampfer weist über 100, zum Teil schwer zu unterscheidende Arten auf, die noch dazu leicht bastardisieren. Sie sind monogame Windblütler mit unscheinbaren, grünen Blüten und werden deshalb nur gelegentlich von Insekten bestäubt. Wegen ihres hohen Oxalsäure- und Eisengehaltes werden einzelne Arten in unseren Gärten kultiviert. Allein genossen wirken sie leicht abführend. Vom Vieh werden manche Arten in Mischung mit Gras und Klee gerne gefressen. Der Krause Ampfer wird bis zu einem Meter hoch und hat einen möhrenartigen, fast holzigen Wurzelstock. Die Blüten sind zwittrig oder weiblich. Die Pflanze ist ausdauernd.

Das **Fuchskreuzkraut** *(Senecio fuchsii)* ist eine Unterart des Hainkreuzkrautes. Die Gattung umfaßt etwa 1300 Arten. Während der Extrakt dieser recht häufig bei uns vorkommenden Pflanze früher zur Blutstillung, vor allem von Frauenorganen, und zur Verstärkung der Uteruskontraktion eingesetzt wurde, wird heute von ihrer Anwendung im Rahmen der Selbstmedikation dringend abgeraten. Als Nebenwirkung sollen die Inhaltsstoffe der Kreuzkräuter leberschädigend und krebserregend sein. Das Fuchskreuzkraut wurde nach dem 1501 im schwäbischen Wemding geborenen Leonhard Fuchs benannt. Dieser war anfänglich dort Schullehrer, später Medizinprofessor in Tübingen. Wegen seines großen Rufes als Arzt und Botaniker wurde er von Karl V. geadelt. Sein „New Kreuter Buch" (Basel 1543) ist ein Grundwerk der volkstümlichen Pflanzenheilkunde mit besten Abbildungen. Die unsere Gärten, Fenster und Balkone zierende Fuchsia ist ebenfalls nach ihm benannt.

185.
Ackerkratzdistel

186.
Kleinblütiges Knopfkraut

187.
Krauser Ampfer

188.
Fuchskreuzkraut

185

186

187

188

Als unterhaltsam belehrender Spaziergang wurde am Moosberg ein Getreidelehrpfad angelegt. An diesem werden in übersichtlichen Schautafeln nicht nur die Wichtigkeit, Freuden und Schwierigkeiten der Landwirtschaft dargestellt, sondern man begegnet dort auch den als Hauptnahrungsmitteln unverzichtbaren Getreidearten. Dies ist um so anschaulicher, als um Wörishofen aufgrund von Höhenlage und Klima der Ackerbau der „grünen Weidewirtschaft" den Vortritt läßt. Im frühen Mittelalter begann im Unterallgäu die Dreifelderwirtschaft mit dem Zyklus „Sommerfrucht – Winterfrucht – Brache" als Ackerbauform bis ins beginnende 20. Jahrhundert. Leider sind für den Botaniker die Ackerunkräuter wie Kornrade, Feldrittersporn oder Sandmohn ausgestorben. Selten trifft man im Allgäu noch auf Feldmohn, Kornblume, Ackerhahnenfuß oder Echte Kamille. Um so erfreulicher ist das Wiederauffinden ökologisch zugehöriger Unkräuter wie Frauenspiegel, Knöterich- oder Distelarten und Ackerschachtelhalm, zeugen sie doch von natürlicherem Anbau. Diese Freude des Pflanzenliebhabers kann natürlich der Landwirt oft nicht teilen.

Der **Saathafer** *(Avena sativa)* ist die einzige Getreideart, bei der die Körner nicht in Ähren stehen, sondern in Rispen hängen. Zur Gewinnung von Körnern, Flocken und Grütze müssen seine Früchte in Spezialmühlen entspelzt werden. Haferkörner enthalten neben Wasser, Kohlenhydraten, Mineralstoffen und Fasern relativ viel Protein, daneben acht lebenswichtige Aminosäuren, Lecithin und vor allem Fett mit 70 bis 80 Prozent ungesättigten Fettsäuren. Da dieses Fett verteilt in den Stärkezellen des Nährgewebes liegt, werden Haferflocken und -kleie als sehr wirksames, diätetisches Lebensmittel bei hohem Cholesterinspiegel empfohlen.

Die bei uns auf Lehmböden angebaute **Gerste** *(Hordeum vulgare)* ist zwei- oder mehrzeilig. Auf jedem Glied der Ährenspindel sitzen drei Körner mit einer langen Granne. Die vierzeilige Gerste wird hauptsächlich als Winterfrucht angebaut und dient als Futtergerste oder zur Herstellung von Nahrungsmitteln wie Graupen, Grütze oder Malzkaffee. Dagegen findet die sorgfältig als Sommerfrucht gezogene zweizeilige Gerste überwiegend als Braugerste Verwendung. Braugerste hat einen hohen Stärkegehalt, Futtergerste enthält mehr Protein. Gerstenanbau ist selbst unter extremen Bedingungen von Norwegen über Ägypten, Australien bis Tibet möglich. Sie erträgt sowohl Trockenheit als auch Frost oder salzige Böden. In der Weltproduktion steht sie nach Weizen, Mais und Reis an vierter Stelle. Bei uns hat der Gerstenanbau seit 1977 den des Weizens überflügelt.

Bereits Sebastian Kneipp hat den **Dinkel** *(Triticum spelta)* als nächsten Verwandten des Weizens wegen seines hohen Gehalts an Protein (Klebereiweiß) empfohlen. Das Entspelzen (Gerben) geschieht in Spezialmühlen. Die mit ihren reifen, horizontal abstehenden Ähren typischen Dinkelfelder findet man vor allem in Südwestdeutschland (Taubergebiet, Schwäbische Alb, Oberschwaben), in der Schweiz und in Belgien. Dinkel ist wenig anspruchsvoll in bezug auf Bodenqualität, Witterungsunbilden, Bodenbearbeitung und Schädlinge. Aus Dinkelkorn backt man Brot und Teigwaren. Dinkelbrei ist bereits jahrhundertelang eine sättigende Morgenspeise. Eine Besonderheit sind die zwei bis drei Wochen vor der Reife geernteten Körner, die man als Grünkern bezeichnet. Ihr breiiger Inhalt wird bei beginnender Teigreife herausgedrückt, über Holzfeuern getrocknet (gedärt) und in Gerbmühlen entspelzt. Grünkern hat als Suppeneinlage, in Küchle, Plätzchen oder Klößen hohen Nährwert und ist bekömmlich. Er ist ein wesentlicher Bestandteil vollwertiger Ernährung.

Weizen *(Triticum aestivum)* bezeichnet man als Nacktgetreide, da beim Dreschen die gebrauchsfertigen Körner aus den Spelzen fallen. Diese wichtige Getreideart eignet sich wegen ihres hohen Gehalts an Stärke und Kleber vor allem für Brot und feine Backwaren, außerdem werden aus Weizenmehl Nudeln und Grieß hergestellt. Eine obergärige Bierspezialität Süddeutschlands ist „das Weizen". Weizenkleie ist mit ihrem hohen Gehalt an Aleuronprotein als Ballaststoff zur unschädlichen Darmanregung diätetisch wichtig. Bei dieser medizinisch eingesetzten Form wurden Stärke und Fett „herausgewaschen".

189.
Saathafer

190.
Gerste

191.
Dinkel

192.
Weizen

189

190

191

192

Der botanische Name des **Riesenbärenklau** *(Heracleum mantagazzianum)* kommt von dem griechischen Helden Herakles, der zwölf Aufgaben erfüllen mußte, darunter die Entführung der Rinder des dreileibigen Riesen Geryoneus. Dieses bis zu drei Meter hoch werdende Doldengewächs liebt feuchte Standorte. Seine weißen Blütenstände werden getrocknet als dekorativer Bestandteil von Gestecken und Trockensträußen geschätzt. Inzwischen versucht man aber die sich ungehemmt ausbreitende Pflanze zu bekämpfen, da Berührung starke allergische Hautreaktionen auslösen kann. Der Name Bärenklau leitet sich von der Form der grobschlächtigen Blätter ab.

Bei dem **Drüsigen Springkraut** *(Impations glanduliflera)* handelt es sich am Moosberg wohl nur um eine Verwilderung der oft als Bienenfutter angepflanzten anspruchslosen Freilandpflanze. Die Heimat dieses bis zu zwei Meter hohen Balsaminengewächses sind Himalaya und Ostindien. An den unteren Zähnen und am knotig gegliederten, hohlen Blattstiel sitzen Drüsen. Die füllhornähnlichen, purpurroten Blüten sitzen in zwei- bis vierzehnblütigen Trauben und haben an der Spitze einen zurückgekrümmten Sporn. Die dreifächrige Fruchtkapsel springt wie beim „Rühr-mich-nicht-an"-Kraut nach der Reife bei der geringsten Berührung auf und schleudert so ihren Samen weg.

Der botanische Name der **Bunten Kronwicke** *(Coronilla varia)* kommt von „Coronilla = Krönlein" und „varius = verschiedene (Farben)". Im Sommer findet man am Unteren Hardt die Pflanze mit einer doldenartigen Traube aus Schmetterlingsblüten. Die Fahne ist rosa, die Flügel sind weiß, und das Schiffchen hat einen violetten Schnabel. Die Hülsenfrucht besitzt die Form eines Beiles.

„Eine Heilpflanze ersten Ranges für Geschwüre ist Calendula", erkannte bereits Pfarrer Kneipp und pries so die ausgezeichnete entzündungshemmende, wundheilende und hautpflegende Wirkung der **Ringelblume** *(Calendula officinalis)*. Goldgelb leuchtet der Strahlenkranz dieses Korbblütlers, dessen ausgezupfte Zungenblüten man als Schminkmittel verwendete. Tee aus Ringelblumenblüten wirkt schweiß- und wassertreibend und krampflösend. Äußerlich dient ein Extrakt, Aufguß oder Tinktur als Gurgelmittel bei Rachenentzündungen und für Umschläge. Die Ringelblume blüht in Bauerngärten alle Sommermonate hindurch, weshalb sie auch Monatsblume heißt (Calendula). Als Wetterblume schließt sie bei drohendem Regen oder beginnender Nachtfeuchtigkeit ihre Blüten. Kneipp beschrieb diese Wetteranzeige: „Die Ringelblume hat etwas Gescheites. Wenn sie morgens nach sieben Uhr geschlossen ist, dann regnet es gewiß noch an diesem Tag, geht sie aber zwischen sechs und sieben auf, dann regnet es sicher nicht." Die Blüten enthalten neben ätherischem Öl, Bitterstoffen und Glykosiden gelb-orange Carotinoide. Deshalb färbte man früher damit die Butter, verschönerte Räucherpulver und fälschte den teuren Safran. Den deutschen Namen verdankt die Ringelblume ihrer höckrigen, eingerollten, im Innern einen Ring bildenden Frucht. Totenblume nennt man sie manchmal wegen ihres unangenehmen, verwesungsähnlichen Geruchs nach dem Pflücken.

193.
Riesenbärenklau

194.
Drüsiges Springkraut

195.
Bunte Kronwicke

196.
Ringelblume

193

194

195

196

Unsere Vorfahren nannten das höchstens 30 cm hohe, zitronengelbe Blümchen, das sich nur bei Sonnenschein öffnet und mit der Blütenspreite der Sonne folgt, einfach „Sonnenblume". Der genaue botanische Name dieses Zistrosengewächses lautet aber **Gemeines Sonnenröschen** *(Helianthemum numularium)*. „Helios" bedeutet „Sonne" und „anthos" heißt „Blume", „numularium" weist auf die münzenähnlichen Blüten hin. Das unscheinbare Pflänzchen findet man am trockenen Wegesrand bei Großried. Als Halbstrauch besitzt es einen niederliegenden, verholzten Stengel. Bei Berührung oder Sonnenschein legen sich die zahlreichen Staubblätter mimosenhaft flach auf die Blütenblätter.

Der lateinische Name „ononis" der stacheligen **Hauhechel** *(Ononis spinosa)* bedeutet „Eselsfutter", da die Grautiere die Pflanze trotz ihrer Dornen gerne fressen. Der deutsche Name weist darauf hin, daß man diesen rosafarbenen Schmetterlingsblütler wegen der bis zu 60 cm tiefen Wurzel heraus „hauen" muß. Wegen ihrer stacheligen Wehrhaftigkeit nennt man sie in Schwaben auch „Weiberkrieg". Die in der Wurzel enthaltenen Glykoside wirken harntreibend und eignen sich zur Vorbeugung und Ausschwemmung von Nierengrieß, ohne dabei die Nieren zu reizen. Die zweite Silbe des Namens „hechel" wird der Dornen wegen mit der Flachshechel in Verbindung gebracht. Die Pflanze bevorzugt wie am Unteren Hardt kalkhaltige, magere Böden. In der Tiermedizin gilt die Hauhechel als gutes Mittel für Pferde, die schwer „stallen", wirkt also auch hier harnausscheidend.

Im Nadelwald beim Flugplatz findet man den Rachenblütler **Waldwachtelweizen** *(Melampyrum silvaticum)* mit seinen unscheinbaren gelb-braunen Blütenröhren. Der botanische Name „Melampyrum" weist auf die Samen hin („melas = schwarz" und „pyros = Weizen"), die wie dunkle Weizenkörner aussehen und wegen ihres Nektars gerne von Ameisen verschleppt werden. Angeblich fressen auch Wachteln gerne diese Samen. Als Halbschmarotzer zapfen seine Wurzeln Nachbarpflanzen an.

Eine der schönsten Pflanzen ist der in den schattigen Wäldern am Moosberg blühende, streng geschützte **Türkenbund** *(Lilium martagon)*. Bei dieser mehrjährigen, 30 bis 100 cm hohen Zwiebelpflanze sitzen die nickenden Blüten in lockerer, drei- bis zehnblütiger endständiger Traube an herabgebogenen Blütenstielen. Der aufrechte, grüne Stengel ist rot gefleckt. Die Blüte hat mit ihren rückwärts eingerollten Kronblättern eine gewisse Ähnlichkeit mit einem Turban. Die Pflanze hieß früher auch Eisenhyazinthe oder Goldwurz. Die Alchimisten schrieben der gelben Zwiebel die Kraft zu, Metalle in Gold zu verwandeln.

197.
Gemeines Sonnenröschen

198.
Hauhechel

199.
Waldwachtelweizen

200.
Türkenbund

197

198

199

200

Bereits im Mai erblühen die leuchtend gelben Schmetterlingsblüten des **Färberginsters** *(Genista tinctoria)*. „Genista" leitet sich vom keltischen „gen = kleiner Strauch" ab. Die Zweige dieses Halbstrauches sind im Gegensatz zu denen des Besenginsters tief gefurcht, kahl und oberwärts angedrückt behaart. Seit altersher werden Zweige, Laubblätter und Blüten wegen ihres hohen Gehaltes an gelbem Farbstoff zum Färben von Leinen und Wolle benutzt. Die gelbe Farbe ist recht dauerhaft. Kraut und Blüten enthalten einen Bitterstoff und riechen kresseartig.

Erst bei näherem Hinsehen erkennt man den am Sonnenbüchl blühenden **Wilden Lattich** *(Lactuca seriola)* als Korbblütler. „Lattich" und „Lactuca" leiten sich von „lac = Milch" ab und weisen auf den giftigen Milchsaft der Pflanze hin. Die Blüte bildet von Juni bis Oktober eine pyramidenförmige Rispe aus unscheinbaren, gelben Zungenblütenkörbchen. Die bis zu 1 Meter hohe Pflanze heißt auch Kompaßlattich, da sie an trockenen, sonnigen Stellen ihre Blätter senkrecht in Nord-Süd-Richtung stehend von der Sonne abwendet.

Das **Sigmarskraut** *(Malva alcea)* wird auch Rosenpappel, Pflugwurz oder Wetterrose genannt. Der Name „Malve" tritt erst im Neuhochdeutschen auf. Im Niederdeutschen findet sich das Wort „Pappel" oft im Zusammenhang mit „Käs". Es hängt vielleicht mit „Pap, Pappe = Brei, Kinderbrei" zusammen und weist auf den Schleimgehalt der zu Umschlägen verwendeten Blätter der Malven hin. Die ausdauernde Pflanze besitzt einen nichtästigen Erdstock und eine spindelförmige Wurzel. Die rosa bis lebhaft roten Blüten haben oft dunkler gefärbte Nerven. Auch am Moosberg findet man die Pflanze truppweise zerstreut am Wegrand. Stickstoffliebend hat sich die Art unter dem Einfluß des Menschen stark ausgebreitet. Im Mittelalter sollte sie vor Unfällen schützen, und man trug sie als Amulett zur Stärkung der Augen.

Die **Waldwitwenblume** *(Knautia silvatica)* ist nach dem 1716 in Halle verstorbenen Botaniker Knaut benannt. Sie ist häufig im Sommer an feuchten Stellen am Moosberg anzutreffen. Ihre violetten Blü-

tenköpfchen sind leicht mit der Taubenskabiose zu verwechseln. Dagegen sind die Blätter der Waldskabiose oder Knautie, wie sie noch genannt wird, ungeteilt und nicht so „zerschlissen".

201.
Färberginster

202.
Wilder Lattich

203.
Sigmarskraut

204.
Waldwitwenblume

201

202

203

204

Auf der vorigen Seite sind bereits die unterschiedlichen Blattformen von Waldskabiose und **Taubenskabiose** *(Scabiosa colobaria)* beschrieben. Auch dieses blaublühende Kardengewächs sollte als Donnerblume vor Gewittern schützen. Der botanische Name „Scabiose" leitet sich ab von „scabies = Krätze" und weist wie die Bezeichnung „Grindkraut" darauf hin, daß diese Pflanze in der Volksheilkunde gegen Hautleiden angewendet wurde. Die Skabiose ist von Juni bis Oktober häufig mit ihren blau-violetten Köpfchen auf den Wiesen um Wörishofen zu finden. Typisch für Skabiosen ist die fünfzipfelige Blütenkrone, Knautien haben eine vierzipfelige. In einem Köpfchen sind bis zu 80 Einzelblüten vereint.

Wohl kaum jemand würde die **Kugelige Teufelskralle** *(Phyteuma orbiculare)* den Glockenblumengewächsen zuordnen. Sie streckt sich mit ihren violett-blauen, kugeligen Blütenköpfchen über die Wiesengräser am Moosberg, und die krallenhaft gebogenen Einzelblüten erklären ihren Namen, wobei der Beiname „Teufel" wohl nur auf die auffällige Besonderheit der Blüte hinweisen soll. Die Blumenblätter der langgestreckten, gekrümmten Einzelblüten sind an der Spitze verwachsen.

Storchschnabelgewächse sind gekennzeichnet durch die typische Form ihrer Frucht, die storchschnabel- oder kranichschnabelartig langestreckt und drüsig abstehend behaart ist. Reif krümmt sich die Granne aufgrund der Luftfeuchtigkeit wie Menschenhaar und schleudert so ihre Samen weg. Ein besonders schöner Vertreter dieser Geraniengewächse ist der **Wiesenstorchschnabel** *(Geranium pratense)*, dem wir im Juli am Sonnenbüchl mit großen, blau-violetten Blüten begegnen. Die fünf Kronblätter sind bewimpert, die fünf Kelchblätter laufen in langen Grannen aus. Auch der Name „geranos = Kranich" weist auf das charakteristische schnabelförmige Aussehen der Frucht hin .

Auch die auf Ödplätzen in der Nähe des Flugplatzes vorkommende **Filzige Klette** *(Aretium tomentosum)* gehört zur großen, vielgestaltigen Familie der Korbblütler. Der Name „Klette" hängt mit lateinisch „gluten = Leim", also mit „kleben" zusammen. Auch ein hartnäckiges Anhängsel wird ja gerne als Klette bezeichnet. Im Volk werden die verschiedenen Klettenarten nicht unterschieden. Es sind zweijährige, reichästige Pflanzen mit großen, rundlich-eiförmigen, nicht distelartigen Laubblättern. Die Filzige Klette ist eine dekorative Pflanze, wenn sich die dicht weißgrau-spinnwegfilzigen Kopfhüllen von den tief purpurroten Blüten deutlich abheben. Früher wurde sie im Garten gehalten, und sie verdankt wahrscheinlich auch ihre Verbreitung der Verwilderung aus Gärten. Wurzelabkochungen, vor allem der Großen Klette, galten seit altersher als Haarwuchsmittel. Heute noch wird gern ein Auszug der Wurzel mit Oliven- oder Mandelöl als sogenanntes Klettenwurzelöl zur Pflege des Haarbodens äußerlich angewendet.

205.
Taubenskabiose

206.
Kugelige Teufelskralle

207.
Wiesenstorchschnabel

208.
Filzige Klette

205

206

207

208

Bereits aus den gereiften Blüten des **Rupprechtskrautes** *(Geranium robertianum)* schaut die lange storchschnabelförmige Frucht. Der Zuname „robertianum" geht auf den Namen Robert oder Ruprecht, den Schutzgott des Hauses, zurück. Mit seinen weichen, samtigen Blättern und den fast blutroten, dicht behaarten Stengeln gehört der „Stinkende Storchschnabel", wie er wegen seines unangenehmen Geruchs auch genannt wird, zu den Geraniumarten, die früher äußerlich zur Blutstillung und Wundheilung sowie gegen Gliederschmerzen und bei Verwundungen verwandt wurde. Gladiatoren sollen das kleine, rosarot blühende Kraut bei sich getragen haben.

Das **Kanadische Berufskraut** *(Erigeron canadensis)* ist eine ein- bis zweijährige, steifhaarige, reichlich beblätterte Pflanze, die ursprünglich in Nordamerika heimisch war. Als Korbblütler ist sie eng verwandt mit den Astern (Sternblumen), von denen sie sich aber durch die mehrreihigen, beinahe fädlichen Zungenblüten unterscheidet. Der Name leitet sich ab von griechisch „eri = früh" und „geron = Greis", also „Baldgreis", da bald nach dem Blühen die weiße Haarkrone der Früchte erscheint. Es wächst auf kiesig-sandigem Boden im Unteren Hardt und ist sehr anspruchslos. Mit Senecio gehört es zu jenen Arten, welche der jungen Waldsaat in den ersten Jahren Schutz gewähren. Auf Kulturland kann es wegen der ungeheuren Menge an Früchten als Unkraut sehr lästig werden. Interessant ist die große Widerstandsfähigkeit bei Grasbränden.

Der **Bittersüße Nachtschatten** *(Solanum dulcamara)* kommt als relativ häufiger Halbstrauch auch bei Hartenthal vor. Die Blüten unterscheiden sich von denen des Schwarzen Nachtschattens durch ihre Farbe: violette Blütenblätter umschließen den gelben Staubgefäßkegel und haben an der Basis kleine gelbe oder grüne Punkte. Die elliptischen, scharlachroten, hängenden Beeren ziehen Kinder an. Sie schmecken erst bitter, dann süßlich, sind aber zum Glück nur schwach giftig. Früher wurde Bittersüß gegen Rheumatismus und zur Linderung gelähmter Glieder verwandt. Im Volk galt er als bewährtes Blutreinigungsmittel. Die zwei- bis dreijährigen Stengel (Stipites dulcamarae) wurden bei stoffwechselbedingten Hautleiden verordnet. Linné gab dieser Pflanzengattung nach dem lateinischen Wort für Trost oder Beruhigung den Namen „Solanum", da die schmerzstillende, einschläfernde Wirkung mehrerer Arten bekannt war (Nachtschatten!). Die Pflanze ist eng verwandt mit der Kartoffel, der Tomate, der Aubergine und dem Paprika.

In der Nähe von Hartenthal blüht auf nassen Wiesen und in Gräben ab Juli auch prächtig der **Blutweidrich** *(Lythrum salicaria)* mit seinen purpurnen, hohen Blütenähren. Die Blüten stehen in Scheinquirlen und haben zwei Eigentümlichkeiten: die Griffel kommen in 3 verschiedenen Längen vor, und die längeren Staubfäden entwickeln grünen, die kürzeren gelben Blütenstaub. Insekten fressen den gelben, unfruchtbaren Blütenstaub und nehmen dabei den grünen, fruchtbaren im Pelz mit. Wegen der Farbe wandte man früher die Pflanze gegen Blutungen an („lythron = Blut"). „salicare" kommt von „salix = Weide" und deutet darauf hin, daß das Vieh sie als Futter schätzt. Der Blütenfarbstoffe wegen war Blutweidrich früher auch eine begehrte Färbepflanze für Textilien.

209.
Rupprechtskraut

210.
Kanadisches Berufskraut

211.
Bittersüßer Nachtschatten

212.
Blutweidrich

209

210

211

212

Den **Vaillants Erdrauch** *(Fumaria vaillantii)* findet man von Mai bis Oktober mit seinen kleinen, roten, bauchigen Blütchen auf den Hackfruchtäckern am Moosberg. Dieser Verwandte des Mohns hat eine schwarz-rote Kronspitze. Der Name kommt aus dem Lateinischen „fumus = Rauch", da die südeuropäische Art ähnlich wie Rauch, Senf oder Rettich zu Tränen reizt. Die kerbelähnlichen, gestielten Laubblätter sind doppelt gefiedert mit flachen Zipfeln. Die heilende Wirkung der Erdrauchgewächse bei Augen-, Haut- und Galleleiden ist obsolet. Die vorliegende Art ist nach dem französischen Botaniker Sebastian Vaillant benannt, der 1727 eine Flora von Paris schrieb.

Die **Kleine Brennessel** *(Urtica urens)* wird nur 15 bis 45 cm hoch, hat hellgrüne, eiförmige, spitzgezähnte Blätter und waagrecht stehende Blütenrispen. Im Gegensatz zur Großen Brennessel (Urtica dioica) ist sie einhäusig, d. h. jede Pflanze hat männliche und weibliche Blüten. Auch sie enthält in den Blättern Vitamine, Carotinoide, Mineralstoffe, Histamin, Chlorophyll und Ameisensäure. Diese dringt nach dem Abbrechen der spröden Spitze der Brennhaare in die Hand ein und bewirkt das charakteristische Brennen. Histamin ist daneben für die Quaddelbildung verantwortlich. Brennesseltee wirkt harntreibend und lindernd bei Prostatabeschwerden. Äußerlich angewendet wirkt Brennesselspiritus durchblutungsfördernd, z. B. als Haarwasser auf der Kopfhaut. Junge Pflanzen werden im Frühjahr als Wildgemüse oder -salat geschätzt. Die Alten verwendeten Brennesselsamen zu Liebestränken. Heute wird Brennesselsamenextrakt als Tonikum empfohlen. Wie man die unangenehme Brennwirkung vermeidet, hat Rückert in einem Vers beschrieben:

> Wer scheu die Nessel greift,
> Dem brennt davon die Hand.
> Wer derb ihr Blatt ergreift,
> Dem weckt sie keinen Brand.

Es ist auch kein Vergnügen, die orangefarbenen Beeren des **Sanddorns** *(Hyppophae rhamnoides)* von den stark dornsitzigen Ästen zu pflücken. Allerdings hat schon Darwin ihn, wie die meisten Stechpflanzen, den „klugen" Pflanzen zugeordnet, denn die Dornen gehen an den dunkelgrauen Ästen nur bis zu einer Höhe, die vom Weidevieh nicht erreicht werden kann. Dafür enthalten 100 Gramm Sanddornbeeren über 500 mg Vitamin C und ergeben ein hervorragendes Mus und einen herb-säuerlichen Saft. Wegen der weidenähnlichen Blätter heißt der bis zu 3 Meter hohe Strauch auch Weidendorn. Die winzigen Blütchen erscheinen mit den Blättern im April. Wie in Rieden findet man die Pflanze oft als Zierpflanze verbreitet von den Dünen der See bis an die Wasserläufe der Gebirge.

In Bayern seit dem 8. Jahrhundert häufig angebaut windet sich der **Hopfen** *(Humulus lupulus)* im Kräutergarten charakteristisch rechtsdrehend an Stangen und Drähten empor. Kultiviert wird dieses Hanfgewächs vor allem für die Bierherstellung. Die zapfenbildende weibliche Pflanze vermehrt man auch durch unterirdische Ausläufer. Das in den Zapfen enthaltene goldgelbe, bittere Hopfenmehl besitzt Bitterstoffe, Flavonoide und ätherisches Öl. Durch diese Wirkstoffe verleiht Hopfen nicht nur dem Bier seine Würze, Haltbarkeit und stabilen Schaum, sondern Hopfendrüsen und deren Extrakt wirken daneben verdauungsfördernd, vor allem aber nervenstärkend, beruhigend und schlaffördernd. In der Hallertau und in Mittelfranken werden junge Hopfensprossen delikat wie Spargel zubereitet. Angewendet wird Hopfen auch äußerlich als Bad oder innerlich kombiniert mit Baldrian, Melisse oder Johanniskraut.

213.
Vaillants Erdrauch

214.
Kleine Brennessel

215.
Sanddorn

216.
Hopfen

213

214

215

216

Die älteste bekannte Eiche Deutschlands steht in Erl in Nordrhein-Westfalen und ist etwa 1500 Jahre alt. Winter- oder Traubeneichen und **Sommereichen** *(Quercus robur, auch Stieleiche genannt)* können bis zu 2000 Jahre alt werden und einen Stammumfang von 15 Metern erreichen. Um Eichen bilden sich Mythen, sie waren den Göttern geweiht. Die Wirkung ihrer gerbstoffreichen Rinde gegen Durchfälle und zur Blutstillung ist schon seit Urzeiten bekannt. Wie alle Buchengewächse haben auch Eichen getrenntgeschlechtliche Blüten: männliche Kätzchen und weibliche Blüten, die zu mehreren auf gemeinsamen Stielen stehen. Bei der Sommereiche sitzen auch die Früchte auf Stielen, bei der Wintereiche direkt am Zweig. Früher dienten die Eicheln zur Schweinemast. Heute sind Eichen selten und gefährdet. Der germanische Name „Eiche" bedeutet „Baum". Der Eichenhain am Ende der Oberen Mühlstraße ist eine prachtvolle ökologische Heimat für unzählige Lebewesen.

Auch die **Mistel** *(Viscum album)* ist eine sagenumwobene Pflanze. Als Allheilmittel wurde diese immergrüne Schmarotzerpflanze von Priestern mit goldenen Sicheln von den Bäumen geschnitten. Vermehrt werden Misteln, die auf Laub- und Nadelbäumen vorkommen, besonders von Drosseln und anderen Vögeln. Zur Keimung muß der Same – eine weiße Beere – den Verdauungskanal eines Vogels passiert haben. Mit einem „Häufchen" wird er dann auf den Ast der Wirtspflanze angeklebt. Typisch sind die grünbraunen, gabeligen Zweige, die ledrigen, grobrandigen, zungenförmigen Blättchen und die unscheinbaren, gelbgrünen Frühlingsblütchen. In der antiken Mythologie galt die Mistel als „goldene Zauberrute". Ihre Anwendung als Heilpflanze geht auf die Hippokrates zurück. Mistelpräparate zeigen blutdrucksenkende Effekte und werden in der Tumortherapie eingesetzt. Misteltee sollte nur mit kaltem Wasser angesetzt werden und mehrere Stunden ziehen. Aus dem klebrigen Schleim der Beeren wurde früher Leim für Vogelruten gekocht („Leimmistel"). Vielfach dienen Mistelzweige auch als Weihnachtsschmuck.

Fast niemand kennt die wunderschönen blauen Blüten des **Lein** *(Linum usitatissimum)*, einer seit 7000 Jahren bekannten Kulturpflanze. Dagegen ist der allseits bekannte Leinsamen geschrotet oder ganz mit reichlich Wasser eingenommen eines der wirksamsten und unschädlichsten Darmregulantien. Durch sein starkes Aufquellen übt er auf den Darm einen Dehnungsreiz aus. Daneben dient er aufgrund seines hohen Schleimgehalts als Gleitmittel. Schon seit der Steinzeit wurde aus den Stengelfasern des Leins „Leinen" hergestellt. Leinfäden benutzte nicht nur der Chirurg, sondern gerade bei Kneippschen Anwendungen finden Leintücher zu Wickeln und Packungen vielfache Anwendung. Das Leinöl des Samens ist wegen seiner vielfach ungesättigten Fettsäuren ein hoch geschätztes Speisefett. Technisch wird es zur Farben-, Lack-, Papier- und Lederherstellung verwendet. Leider begegnet man nicht mehr den an einen blauen See erinnernden Flachsfeldern. Ausgesät kann man aber im Kräutergarten die Verwandtschaft der Leingewächse mit den Geraniengewächsen an der wunderschönen blauen Blüte erkennen.

Die **Kleine Wasserlinse** *(Lemna minor)* bildet mit ihren beiderseits hellgrünen Blättern im Sommer einen Teppich auf dem Feuchtbiotop des Kräutergartens. Spaltöffnungen an der Oberseite der Blätter fördern stark die Wasserverdunstung und tragen so zur Abkühlung der umgebenden Luft bei. Die Blütenstände sind kaum zu entdecken. Die männliche Blüte besteht aus einem einzigen Staubblatt. Wasservögel fressen Wasserlinsen gerne, weshalb diese auch den Namen „Entengrütze" tragen.

217.
Sommereichen

218.
Mistel

219.
Lein

220.
Kleine Wasserlinse

217

218

219

220

Heublumen *(Flores graminis)* oder „Heubloama", wie man im Allgäu sagt, werden in Form von Heusäcken, Badeextrakten und -ölen, aber auch direkt als Heubad seit altersher in der Volksheilkunde gegen rheumatische Erkrankungen und Kolikschmerzen angewendet. Der Heusack ist eine der bekanntesten und beliebtesten Wärmeanwendungen in der Kneipp-Kur. Dabei wird ein mit Heublumen locker gefülltes Leinen- oder Vliessäckchen durch Erhitzen im Dampf oder Überbrühen mit heißem Wasser auf etwa 40 °C erhitzt und dann mindestens 30 Minuten lang auf die schmerzende Körperstelle aufgelegt und von oben noch mit einem Tuch abgedeckt.

Historisch versteht man unter Heublumen die Ablagerungen des Heus, die sich am Boden der Tenne sammelten, also Blüten, Früchte, Samen, kleine Blätter und Stengelteile verschiedener Gräser und Wiesenblumen. Das gewonnene Heu ist natürlich nur so gut, wie gesunde und vielfältige Kräuter auf einer Wiese wachsen. Qualitativ am besten sind Bergwiesen und ungedüngte Magerwiesen. Neuere Untersuchungen haben ergeben, daß fein geschnittenes Heu naturnaher, kräuter- und blumenreicher Magerwiesen mit seiner Blütenfülle die ideale Füllung für Heusäcke ergibt. Die Wiesen sollten möglichst nur einmal vor oder während der Blüte gemäht werden. „D'Bluah" enthalten neben Quecken, Lolch, Trespe, Schwingel und Wiesenblumen mit ätherischem Öl vor allem cumarinhaltige Pflanzen wie Ruchgras (Anthoxanthum odoratum), Labkraut oder Steinklee. Die Cumaringlykoside werden beim Trocknen des Heus fermentativ gespalten und das freigesetzte Cumarin ergibt den wunderbaren, waldmeisterartigen Heuduft.

Wenn auch die wohltuende, heilende Wirkung des Heublumensacks – auch Heupack genannt – vor allem auf der gleichmäßigen, angenehmen Wärmeabgabe beruht, so schreibt man daneben dem durch die Haut aufgenommenen Cumarin gleichzeitig eine beruhigende Wirkung zu. Diese wird durch die weiteren Inhaltsstoffe der Heublumen wie Zucker, Proteine, Stärke, Mineralien, Spurenelemente, Flavonoi-

de und ätherisches Öle noch unterstützt. Absud von Heublumen sowie deren Inhaltsstoffe in wannenreiner Form dienen zum Bereiten von Teil-und Vollbädern oder als wirkungsverstärkende Zusätze zu Wickeln und Packungen. Der heiße Heublumensack wird heute im klinischen Bereich auch vielfach zusammen mit einem Wärmeträger eingesetzt, der eine langanhaltende, gleichmäßige Wärmeabgabe gewährleistet. Als Fertigprodukt eignet sich der Kneipp-Heupack mit kontrollierten, standardisierten Heublumen auch sehr gut zur häuslichen Anwendung. Die Wirkung besteht in einer Durchblutungsförderung, einer Steigerung des Gewebestoffwechsels, einer Elastizitätszunahme des Bindegewebes und einer Schmerzdämpfung.

221.
Heublumen

222.
Heuernte

223.
„Heumanderln"

224.
Sommerwiese

221

222

223

224

Mit Knoblauch wird man alt, aber einsam! Dieser Satz über eine inzwischen sehr populäre, ursprünglich aus Zentralasien stammende Gewürz- und Heilpflanze beinhaltet zwei Tatsachen: Die Zwiebeln des **Knoblauchs** *(Allium sativum)* sind wirksam gegen Bakterien und Pilze, senken den Blutfett und Cholesterinspiegel im Blut und beugen gegen Arteriosklerose vor, indem sie eine Zusammenballung der Blutplättchen verhindern und die Fließfähigkeit des Blutes verbessern. Diese Wirkung kann man aber nur bei genügend hoher Dosierung und regelmäßiger Einnahme erreichen. Beides teilt sich der Umgebung durch den gefürchteten, unangenehmen Geruch der schwefelhaltigen Inhaltsstoffe über Haut und Atemluft mit. Knoblauch findet sich schon als Beigabe in den Pharaonengräbern. Die Soldaten des Altertums, die Pyramidenbauer und die Athleten des antiken Griechenlands nahmen dieses Volksnahrungsmittel zur Steigerung der Leistungsfähigkeit zu sich. Der antibakteriellen, antiseptischen Wirkung wegen wurde diese Lauchart nicht nur bei den Pestepidemien des Mittelalters eingenommen, sondern Knoblauch erhielt auch den Beinahmen „Russisches Penicillin“. Dieses Liliengewächs gehört wohl zu den ersten Kulturpflanzen überhaupt, das bei manchen indogermanischen Völkern vor dem Bösen und dem Zauber schützen sollte. Die aus einer Haupt- und zahlreichen Nebenzwiebeln (Zehen) bestehende Gesamtzwiebel wurde im Mittelalter als Allheilmittel „Theriak der Bauern“ genannt.

Im Kräutergarten findet man das wegen seiner ledrigen, dunkelgrünen Blätter an Preiselbeeren erinnernde Erikagewächs **Wintergrün** *(Gaultheria procumbens)*. Das durch Wasserdampfdestillation gewonnene ätherische „Wintergrünöl“ enthält über 95 % durchblutungsförderndes Methylsalicylat. Dieser nach Kaugummi riechende Inhaltsstoff ist Bestandteil vieler Rheumabäder und -salben.

„Arnika ist nicht mit Gold zu bezahlen . . .“ In diesem Satz drückt sich die ganze Wertschätzung von Sebastian Kneipp für diese Heilpflanze aus. Für ihn war die **Arnika** *(Arnica montana)* die Heilpflanze schlechthin, und er gab ihre Heilwirkung recht genau an: „. . . ich halte sie für das erste Heilmittel bei Verwundungen und kann sie deshalb nicht genug empfehlen.“ Wohl jeder kennt die entzündungshemmende, abschwellende Wirkung eines Arnikaaufgusses oder der Arnikatinktur bei Haut- und Schleimhautentzündungen, stumpfen Verletzungen, Insektenstichen, venösen Stauungen, schweren Beinen und Krampfadern. Diese wohltuende Wirkung verlieh diesem wunderschön gelb blühenden Korbblütler auch die Beinamen: „Bergwohlverleih, Wundkraut, Engelkraut, Kraftwurz“, bei den Westfalen gar: „Stoh up un gon hem.“ Die Pflanze sollte heute ausschließlich äußerlich in Form von Salben, Tinktur, Bad oder Aufguß angewendet werden. Früher gab es in den Alpen und in der Norddeutschen Tiefebene große Bestände an Arnikapflanzen. Heute besteht für die naturgeschützte Pflanze strenges Sammelverbot. Spanien, Jugoslawien, Italien und Rußland sind heute noch Lieferanten der geschätzten Arnikablüten. Die leicht kultivierbare, nordamerikanische Wiesenarnika (Arnica chamissonus) enthält die gleichen Bitterstoffe, Flavonoide und ätherisches Öl. Sie hilft so, die Art zu erhalten. Typisches Merkmal der am Kräuterpfad am Kurhaus angepflanzten Arnika sind die zwei gegenständigen Blätter mit Blütenansätzen am oberen Ende des 40 bis 50 cm hohen Stengels.

In den verkehrsberuhigten Straßen Bad Wörishofens findet man als auffällige Zierpflanze **Rizinus** *(Ricinus communis)*, eine der ältesten Heilpflanzen überhaupt. „Rizinus, das ist ein Öl, nach dem man muß.“

Dieser Satz weist auf die nach 2 bis 4 Stunden drastisch abführende Wirkung des sorgfältig abgepreßten Samenöles hin. Dieses wird äußerlich auch zur Haar- und Wimpernpflege geschätzt und technisch als Schmierstoff für Motoren eingesetzt. 4000 Jahre alter Samen dieser Euphorbiaceae wurde in ägyptischen Gräbern gefunden. Der Name „ricinus“ kommt vom lateinischen Wort für Zecke, denn der äußerst giftige, gesprenkelte Same ähnelt einer vollgesogenen Zecke. Ursprünglich stammt Rizinus aus dem tropischen Afrika.

225.
Knoblauch

226.
Wintergrün

227.
Arnika

228.
Rizinus

124

225

226

227

228

Der am Moosberg im Juli blühende **Zwergholunder** *(Sambucus ebulus)* wird auch Attich genannt nach dem griechischen Namen des Holunders „acte". Die ausdauernde, krautartige Pflanze tritt truppweise an sonnigen Stellen auf. Da der Samen von Vögeln verschleppt wird, findet man sie nicht selten in der Nähe menschlicher Ansiedlungen. Die Pflanze riecht widerlich und soll daher Mäuse und Wanzen vertreiben. Die Fruchtäste sind in der Reifezeit violett oder purpurrot gefärbt. Die säuerlich-süßen Beeren galten seit alters her als giftig, anscheinend zu Unrecht. Sie wirken leicht abführend, harn- und schweißtreibend und enthalten höchstens geringe Mengen eines Blausäure abspaltenden Glykosids. Die Beeren werden auch zum Blaufärben von Leder oder Garn angewendet. In Mitteldeutschland sollen die Troßknechte die Staude zum Schutz vor Pferdekrankheiten gepflanzt haben.

An den Waldrändern beim Flugplatz findet man häufig den **Roten Hartriegel** *(Cornu sanguinea)*. Im Frühjahr erscheinen die weißen Blütendolden, im Spätsommer die ungenießbaren, kugeligen, schwarzen Beeren mit weißer Punktierung. Die hartholzigen, aufrechten Zweige sind im Herbst und Winter blutrot gefärbt (sanguinea = blutrot). Das weißsplintige Holz eignet sich gut für Drechslerarbeiten.

Ein weiterer um Wörishofen sehr verbreiteter Baum ist die **Vogelbeere** *(Sorbus aucuparia)*. „Aucupari = auf Vogelfang gehen" weist darauf hin, daß man die Beeren zum Anlocken beim Vogelfang benutzte. Diese Beeren leuchten im Sommer an Straßenrändern und in Gärten von dem bis zu 15 m hohen Baum, der auch Eberesche, d. h. Falsche Esche, genannt wird. „Eber" kommt von „aber = falsch" (Aberglaube). Die gefiederten Blätter dieses Rosengewächses ähneln denen der Echten Esche. Die etwas bitteren Beeren enthalten den Zucker Sorbit und werden daher gerne von Drosseln gefressen. Wegen des Gehaltes an Gerbstoff und Sorbinsäure eignet sich Tee aus Vogelbeerfrüchten gegen Durchfall und Darmstörungen. Das Holz wird für Tischler- und Schreinerarbeiten sehr geschätzt.

Im Arboreum bei der Evangelischen Erlöserkirche, im Kurpark und als Straßenbaum in der Hahnenfeldstraße begegnen wir dem **Ginkgobaum** *(Ginkgo biloba)*. Er gehört zu den entwicklungshistorisch ältesten Pflanzen der Erde und war vor etwa 150 Millionen Jahren wohl der am häufigsten vorkommende Baum in Europa. Er überlebte vor allem in Südostasien und in Japan, da ihn die Priester dort als Tempelbaum kultivierten. Die charakteristische Form der ledrigen, hängenden Blätter gilt den buddhistischen Mönchen als Symbol für die „Einheit in der Zweiheit" (biloba = zweispaltig). Botanisch steht der zweihäusige, bis zu 30 Meter hoch werdende Baum den Nadelhölzern nahe. Allerdings wirft er im Herbst seine Blätter ab. Ginkgoblätter eignen sich nicht zur Teebereitung. Der Extrakt der frischen Blätter gilt dagegen standardisiert in Form von Tropfen oder Tabletten als sehr wirksames, durchblutungsförderndes Mittel. Der Mythos des Ginkgobaumes als Lebensbaum wurde noch dadurch gestärkt, daß er die einzige Pflanze war, die nach dem Atomangriff auf Hiroshima wieder zu grünen begann.

229.
Zwergholunder

230.
Roter Hartriegel

231.
Vogelbeere

232.
Ginkgobaum

229

230

231

232

Am kargen Wegrand nach Schlingen blüht auffällig gelb ab Juli das **Jakobskreuzkraut** *(Senecio jacobae)*. Der Name „Senecio" kommt von „senex = Greis" und deutet auf die graue Flaumbehaarung hin. Die Blätter sind zerschlitzt. Die Scheibenblüten des gelben Korbblütlers sind röhrenförmig, die Randblüten zungenförmig. Die aus den Scheibenblüten reifenden Schließfrüchte sind behaart, die aus den Randblüten kahl. Die Pflanze wird nicht als Heilkraut verwendet.

Häufig begegnet uns im Sommer als gemeines Unkraut der **Ackersenf** *(Sinapis arvensis)*. Dieser Kreuzblütler besitzt an der Stengelspitze eine gelbe Blütentraube mit vierzähligen Blütchen. Deren Kelchblätter stehen waagrecht ab im Gegensatz zu denen des ähnlichen Hederich, bei dem sie hochstehen. Ackersenf ähnelt sehr dem angebauten Weißen Senf, aus dessen Samen gemahlen, mit verschiedenen Zutaten und Wein bzw. Most (Mostricht) vermischt der Senf als magensaftanregendes Würzmittel hergestellt wird.

Im Wald bei Hartenthal wächst das seltene, weißblühende Doldengewächs **Goldfruchtiger Kälberkropf** *(Chaerophyllum aureum)*. Der Name „chaerophyllum" bedeutet „Wachsblatt" und ist später in „Cerefolium" übergegangen, aus dem sich das deutsche Wort „Kerbel" ableitet. Angeblich fressen Kälber das nährstoffreiche, aromatisch riechende Kraut gerne. „Kropf" weist auf die Verdickungen unterhalb des Knotens hin. Beim Zerreiben hat die Pflanze einen möhrenartigen Geruch. Sie wird sehr leicht mit dem Wiesenkerbel verwechselt, unterscheidet sich von diesem aber durch den stets ungefleckten Stengel, die kürzeren, breiteren Hüllchenblätter und die an der Spitze kaum merklich ausgerandeten Kronblätter ohne schmales Läppchen. Seine Frucht ist völlig rippenlos und glatt.

Leichter botanisch aus der verwirrenden Vielzahl der Doldenblütler zu bestimmen ist die **Wilde Möhre** *(Daucus carota)* an der kleinen, verkümmerten, dunkelvioletten Einzelblüte in der Mitte der tellerförmigen Dolde. Unter den Blütendolden, die im jungen Zustand „nicken", stehen große, gefederte Hüllblätter. Die fiederteilig zerschlitzten Blätter besitzen haarfeine Zipfel. Die rübenförmige Wurzel ist auch gelb wie die der angebauten Karotte, aber holzig. Diese als wertvolles vitaminhaltiges Wurzelgemüse angebaute Gelbe Rübe wurde aus der Wilden Möhre kultiviert und führt unserem Körper das für den Sehvorgang unerläßliche Provitamin A zu. Sie ist leicht verdaulich und neben der Muttermilch die erste Nahrung der Säuglinge. Mohrrüben helfen geraspelt gegen Durchfallerrankungen und eigen sich bestens für Salate und Rohkost. Karottensaft sollte immer nach einem fetthaltigen Essen getrunken werden oder selbst etwas fettes Öl enthalten, damit die fettlöslichen Vitamine besser vom Körper aufgenommen werden können. In hohen Dosen – z. B. bei Säuglingen – lagert sich Carotin in den äußeren Hautschichten ab und bewirkt so die typische orange-braune Färbung. Daher ist Carotin oft Bestandteil von Bräunungsmitteln oder Präparaten, die die Haut vor schädlichen UV-Strahlen und Sonnenbrand schützen sollen.

233.
Jakobskreuzkraut

234.
Ackersenf

235.
Goldfruchtiger Kälberkropf

236.
Wilde Möhre

233

234

235

236

Ein weiteres am Oberen Hardt anzutreffendes Doldengewächs ist der **Pastinak** *(Pastinaca sativa)*, dessen Name sich vom lateinischen „pastus = Weide, Futter, Nahrung" und „sativus= angebaut" ableitet. Er ist von den anderen Wiesendoldenblütlern leicht an den bis zu zehn strahligen kleinen, gelben Blütchen zu erkennen und bevorzugt fette Wiesen und nährstoffreiche Böden. Dort kann der kantige Stengel bis zu einem Meter hoch werden. Pastinak riecht möhrenähnlich. Die Blätter eignen sich zum Würzen, die langen Wurzeln als Gemüse. Während die Wurzeln des angesäten Pasinaks vor allem nach Frost süßlich schmecken, neigen die des wildwachsenden zu bitterem Beigeschmack und verholzen leicht.

Wohl jedem sind die blaublühenden Enzianarten vertraut, doch kaum jemand kennt den stattlichen bis zu 1,5 Meter hohen **Gelben Enzian** *(Gentiana lutea)*. Heimisch ist er in den Alpen und im Schwarzwald. Im Kräutergarten kann man die prächtige Heilpflanze bewundern, von der Sebastian Kneipp sagte: „Enzian ist eines der vorzüglichsten Magenmittel". Arzneilich werden die bis zu 1 Meter langen, dicken Wurzeln verwendet, sie enthalten den bittersten bekannten Inhaltsstoff Amarogentin, das noch 1 : 58 000 000fach verdünnt bitter schmeckt. Da die Wurzel neben Bitterstoffen verschiedene Zuckerarten enthält, eignet sie sich nicht nur zur Herstellung von appetitanregenden Tinkturen, Tees, Magenbittern oder Aperitifs, sondern sie wird auch zerstampft und vergoren. Die Maische wird dann zu Enzianschnaps gebrannt. Man kann die naturgeschützte Pflanze heute bereits kultivieren und so die Art erhalten. Neben der Verwendung als Amarum rechnet man den Gelben Enzian heute zu den Pflanzen, die das Immunsystem stärken können.

In den Wäldern am Moosberg bildet das **Widdertonmoos** *(Polytrichum commune)* dunkelgrüne Rasen. Es wird auch Sternmoos genannt, da die spitzen Blättchen in Spiralen an den aufrechten Stengeln sitzen und daher von oben betrachtet wie Sterne aussehen. Im Juli wachsen aus der Spitze der Moosstengel etwa 10 cm lange, gestielte, vierkantige Kapseln.

Wegen deren filziger Behaarung werden diese auch Filzmütze genannt. Diese Kapseln sind Sporenträger. Die Moospflanze ist die erste, geschlechtliche Generation. Sie besitzt rötliche männliche, und grüne, geneigte weibliche Gipfelblättchen. Die Befruchtung erfolgt bei Regen durch Hinüberschwimmen der männlichen Zellen zu der weiblichen Pflanze. Als zweite Generation entstehen daraus dann die Sporenkapseln, die auf ungeschlechtlichem Wege Sporen erzeugen. Aus diesen entwickeln sich neue Moospflanzen. In Tirol galt dieses Moos – 30 Tage nach Mariae Himmelfahrt gepflückt – als Heilmittel „widder den Tod = Widderton".

Wie Moose, Pilze, Schachtelhalm oder Bärlapp vermehren sich auch die Farne durch Sporen. Imponierenden Exemplaren des **Frauenfarns** *(Athyrium filix-femina)* begegnet man in den lichten Wäldern am Versunkenen Schloß. „Filix-femina", das zarte „Farnweiblein", ähnelt mit seiner großen Rosette und den zartgliedrigen Wedeln sehr dem Wurmfarn. Dieses robuste „Farnmännlein = filix-mas" ist auch häufig in unseren Wäldern verbreitet. Die hellgrünen Fiedern sind vorne spitz. Die längeren Sporenhäufchen sind hufeisenförmig. Im empfindlichen Jugendstadium schützen sich Farne vor Wasserverdunstung durch schneckenförmiges Einrollen der Triebe. Als Sporenpflanzen blühen Farne nicht, sondern treiben nur unauffällige Sporenträger.

237.
Pastinak

238.
Gelber Enzian

239.
Widdertonmoos

240.
Frauenfarn

237

238

239

240

Die leuchtend gelben Blüten der **Gemeinen Nachtkerze** *(Oenothera biennis)* in der Schutthalde beim Flugplatz öffnen sich oft erst gegen Abend oder bei trübem Wetter. Dieses Erblühen erfolgt wie mit dem Zeitraffer innerhalb von Sekunden. Früher wurden die Blüten Wein zugesetzt („oinos = Wein"). Die hohen, schönen Blütenähren bevorzugen inzwischen als Unkraut gefürchtet karge Böden, Bahndämme, Wiesen und Wegränder. Die vierzählige, auffällige Blüte steht mit ihren zurückgeschlagenen Kelchzipfeln auf einer walzenförmigen, runden Fruchtkapsel, die einem Stiel ähnelt. Der Stengel ist mit Knötchen übersät und behaart. Im 17. Jahrhundert wurde die Nachtkerze als Salatpflanze von Nordamerika nach Europa gebracht. Die rübenförmige Wurzel ergibt ein schwarzwurzelähnliches Gemüse. Dünne Scheiben der Wurzel sehen aus wie rohe Schinkenscheiben („Schinkenkraut"). Durch das schnelle Verwelken der Blüten gilt die Nachtkerze in der Blumensprache als Sinnbild der Unbeständigkeit. Nachtkerzenöl aus den Samen (Primerose Oil) wirkt mit seinen mehrfach ungesättigten Fettsäuren stoffwechselaktivierend und leistungssteigernd. Äußerlich wirkt es rein oder in Hautölen pflegend, ja sogar lindernd bei Hautleiden wie Psoriasis oder Neurodermitis.

Wie in vielen Gärten wird auch im Kräutergarten die zitronenartig duftende **Melisse** *(Melissa officinalis)* als Heil-, Gewürz- und Duftpflanze sowie als ausgezeichnete Bienenweide (griech. „melissa = Biene") kultiviert. Die Araber brachten die Pflanze im 10. Jahrhundert nach Europa. Die alten Pflanzenärzte von Dioscurides über Paracelsus bis Hildegard von Bingen lobten ihre Wirkung. Die Barfüßigen Karmelitermönche entwickelten 1611 „Eau de Carmes", d. h. Karmelitergeist, als Geheimmittel. Melissengeist – Spiritus Melissae comp – wurde als Allheilmittel in die Arzneibücher aufgenommen. Er enthält wie viele Badezusätze kein ätherisches Öl der Melisse, sondern das identische Öl der fernöstlichen Grasart Cymbopogon winterianus, das sogenannte Zitronellöl. Melisse wirkt beruhigend bei Nervosität und Einschlafstörungen und karminativ bei nervösen Magen- und Darmbeschwerden. Als Gewürz passen Melissenblätter zu Süßspeisen, Salaten, Gemüsen, Fisch und Mixgetränken. Angewendet wird Melissenöl in Form von Badezusätzen, Tee, Dragees oder Pflanzensäften. Ein Labiatengerbstoff der Melissenblätter (Rosmarinsäure) hat sich in eine Salbe eingearbeitet als herpesvirushemmend bei Lippenbläschen erwiesen. Aus den Klostergärten der Benediktiner hat sich der ausdauernde Lippenblütler über Bauerngärten an Waldrändern, Hecken und Zäunen ausgebreitet.

Nicht zu übersehen ist am Wegesrand bei Kirchdorf der stattliche, weißblühende Schmetterlingsblütler **Weißer Steinklee** *(Melilotus albus)*. Schon kurz nach dem Pflücken entwickelt die Pflanze beim Trocknen durch oxidative Freisetzung des Cumarins den typischen Heugeruch. Dieser wird nicht nur in den Heublumen sehr geschätzt, sondern hat auch Bedeutung als Aromastoff im Tabak. Ein Leinensäckchen mit Steinklee soll aus dem Kleiderschrank die Motten vertreiben. Cumarin und die Flavone der Pflanze erweitern in Form von standardisierten Arzneimitteln die Blutgefäße, mindern die Blutgefäßdurchlässigkeit und verbessern den Bluttransport durch die Venen.

Ausgeprägter noch sind die in einer gelben Traube stehenden Schmetterlingsblüten der **Wiesenplatterbse** *(Lathyrus pratensis)*. Als gute Futterpflanze ziert sie im Juli fette Wiesen. Sie ist weich behaart. Ihr Wurzelstock hat keine Knollen.

241.
Gemeine Nachtkerze

242.
Melisse

243.
Weißer Steinklee

244.
Wiesenplatterbse

241

242

243

244

Wegen der dicken Form ihrer Blütenköpfe nennt man die **Wiesenflockenblume** *(Centaurea jacea)* auch Dickkopf oder Hosenknopf, wegen ihrer rotviolettfarbenen Korbblüte auch Fleischblume. Diese hohe Wiesenblume ähnelt sehr einer großen Kornblume. Sie besitzt einen kantigen, steif verzweigten, harten Stengel („Eisenkraut"). Alle Blüten im Körbchen sind fünfzipfelige Röhrenblüten. Die inneren tragen Nektaren, die äußeren locken lediglich die Insekten an. Die Blätter ändern je nach Feuchtigkeit des Standortes ihre Form von lanzettlich-ganzrandig bis buchtig-fiederspaltig. Der Name Flockenblume kommt von der weißen Behaarung der Pflanze in der Jugend. Als Schreckblume sollte sie Schwangeren helfen, die sich erschrocken hatten.

Während die **Schwarze Königskerze** *(Verbascum nigrum)* medizinisch nicht verwendet wird, bestätigt die moderne Wissenschaft die Heilwirkung der Blüten der **Großblumigen Königskerze** *(Verbascum thapsiforme)*, die schon Sebastian Kneipp richtig beschrieb: „Wollkrautblüten geben einen wirksamen Tee ab bei Halsgebrechen, Katarrhen, Verschleimungen der Brust und Atemnot." „Candella regia = Königskerze" nannten die Griechen die zweijährige, wollige Pflanze, deren bis zu 1,50 Meter hohe Blütenstengel in Pech getaucht als Fackeln oder Kerzen verwendet wurden. Wegen dieser Verwendung heißt die häufig auf sandigen Brachböden, steinigen Anhöhen oder sonnigen Wiesen vorkommende Blume in manchen Gegenden auch „Fackelkraut". Oft genügt eine Mauerritze als Standort für ein prachtvolles Exemplar. Im ersten Jahr erscheint nur die Blattrosette, im zweiten Jahr der runde, filzige Blütenstengel. Die Blüten enthalten reichlich Schleim- und Zuckerstoffe. Der Schleim wirkt hustenreizmildernd, sekretverdünnend und schleimhautschützend. Gleichzeitig vorhandenes ätherisches Öl und Saponin sind auswurffördernd. Auf einem Glasfenster des Germanischen Nationalmuseums in Nürnberg kann man die stattliche, „goldene" Königskerze als Symbol der Königswürde sehen. Als Marienröslein ist die Königskerze im Süddeutschen zentraler Bestandteil der zu Mariae Himmelfahrt geweihten Kräuterbüschel. Obwohl die Rachenform der hellgelben, fünflappigen Blüten kaum zuerkennen ist, stellen sie die Grundform der Rachenblütler dar. Der Name Verbascum geht wahrscheinlich auf „Barbascum = die Bärtige, Behaarte" zurück. Eine Königskerze auf dem Grab bedeutete im Aberglauben, daß die Seele im Fegfeuer ist und um eine Wallfahrt bittet. Der betäubende Samen wurde zum Fischfang, die Blüten zum Haarfärben benutzt.

Das gelbe **Echte Labkraut** *(Galium verum)* erblüht etwa einen Monat nach dem Weißen Labkraut von Juni bis Oktober am Moosberg mit seinen Rispen voller kleiner zitronengelber Blütensternchen. Mit seinem zarten Honiggeruch ist dieses Rötegewächs eine gute Bienenweide. Besonders diese Labkrautart eignet sich aufgrund des Labenzyms noch besser als die weiße Art zum Gerinnen der Milch. Der Sage nach sollen Maria und Joseph in Bethlehem angekommen auf einem Lager aus getrocknetem Farnkraut und Labkraut geruht haben. Daher wird es auch als Marienbettstroh oder Liebfrauenstroh bezeichnet und auf vielen mittelalterlichen Madonnenbildern dargestellt.

245.
Wiesenflockenblume

246.
Schwarze Königskerze

247.
Großblumige Königskerze

248.
Echtes Labkraut

245

246

247

248

Im Garten des Dominikanerinnenklosters blüht mit großen, lebhaft roten Köpfen als dekorative Zierpflanze der **Sonnenhut** *(Rudbeckia lacinata)*. Die Gattung Sonnenhut umfaßt 45 Arten, von denen die bekannteste Rudbecki purpurea ist, auch Echinacea purpurea genannt. Diese war ursprünglich in Nordamerika beheimatet. Sie besitzt zurückgeschlagene, purpurne, schmallineale, 4 bis 6 cm lange Zungenblüten. Die Indianer verwandten den Roten Sonnenhut als erstes bei schlecht heilenden Wunden und Schlangenbiß. Sonnenhutextrakt oder daraus isolierte Verbindungen wirken immunstimulierend, wie wir heute wissen. Sie steigern wie Bitterstoffdrogen die körpereigenen Abwehrkräfte bei der Wundbehandlung oder auch vorbeugend gegen Infektionskrankheiten. Der Name des Sonnenhutes leitet sich wegen des igelförmigen Blütenkopfes vom griechischen „echinos = Igel" ab.

Die prächtigste einheimische Sommerblume ist die einjährige, bis zu 5 Meter hoch werdende, faserwurzelige Gemeine **Sonnenblume** *(Helianthus amuus)*. Sie findet im Sommer in vielen Gärten und Anlagen Wörishofens Heimat, und der Verschönerungsverein hatte sogar schon einen Wettbewerb für das größte Exemplar ausgeschrieben. Wohl jedes Kind kennt diese vermutlich aus Mexiko stammende Kulturpflanze mit ihrer bis zu 50 cm im Durchmesser werdenden, am markhaltigen Stengel „nickenden" Blütendolde. Ihre Scheibenblüten sind braun und zwitterig. Die goldgelben Zungenblüten können bis zu 2 cm breit und bis zu 10 cm lang werden. Sonnenblumen wurden seit 1654 als Öl-, Futter- und Honigpflanze angebaut. Der Massenanbau wurde in Deutschland vor allem von Eisenbahngesellschaften finanziell gefördert. Aus den enthülsten Kernen (= Samen) wird durch Auspressen das hellgelbe, klare Sonnenblumenöl gewonnen. Dieses ist ähnlich wie das Olivenöl reich an ungesättigten Fettsäuren, hält lange und trocknet nur langsam. Die Blütenköpfe der Sonnenblume kehren sich stets der Richtung der stärksten Lichteinstrahlung zu (Heliotropismus). Dieses Streben zur Sonne hat sie zur beliebten Wappen- und Siegelblume werden lassen. Die schwam-

migen Stengel dienten in Rußland als Korkersatz, in China zur Papierherstellung.

Auch die Blüten des im Kräutergarten angepflanzten **Alants** *(Inula helenium)* erinnern an kleine Sonnen. Angeblich sei die Pflanze aus den Tränen der schönen Helena erblüht. Der aus Vorderasien stammende Alant wird wegen seines bitterstoffhaltigen Wurzelstocks vor allem in Gebirgsgegenden angebaut. In der Volksheilkunde wird Alantwurzel als antiseptisch wirkendes Expectorans bei Bronchialkatarrh und Keuchhusten angewendet. Angeblich soll sie auch die Heilwirkung anderer wassertreibender, magenstärkender, galleanregender Heilpflanzen steigern. Der Gattungsname „Inula" weist auf das aus Fructosemolekülen aufgebaute Reservekohlenhydrat Inulin hin. Möglicherweise war Alant vor Kolumbus ein geschätzter Pfeifentabak. Im Liebesorakel sollte diese sehr alte Kulturpflanze „wider den bösen Blick" helfen.

Als Gurkenkraut bekannt sind die aromatischen Blätter des **Borretsch** *(Borrago officinalis)*. Die wunderschönen, blaublütigen Blütensterne sollen im Orient Rohstoff für feine blaue Lacke gewesen sein. Borretsch wurde auch Wohlgemutkraut genannt. Alte Kräuterbücher empfahlen: „In Honigwasser gesotten hilft Borretsch bei Melancholie, Traurigkeit und Schwermütigkeit." Aus den Kloster- und Bauerngärten verwilderte Borretsch auf stickstoffhaltigem Öd- und Brachland. Den intensiven himmelblauen Sternblüten verdankt diese Gewürzpflanze auch die romantischen Beinamen: Augenzier, Himmelsstern, Herzblümchen, Liebäuglein. Wegen der rauhen Behaarung von Stengeln und Blättern wurde Borretsch der Namensgeber der Borraginaceen, d. h. der Rauhhaargewächse.

249.
Sonnenhut

250.
Sonnenblume

251.
Alant

252.
Borretsch

249

250

251

252

Das **Gemeine Leinkraut** *(Linaria vulgaris)* hat als typischer Rachenblütler auch den vielsagenden Namen Kleines Löwenmaul. Seinen Gattungsnamen „Linaria = haarförmig" erhielt es wegen seiner tannennadelartigen, haarfeinen Blätter, die vor dem Austrocknen durch eine Wachsschicht geschützt sind. Zusätzlich wurde das Kraut früher auch zum Gelbfärben der Haare benutzt. Das häufig vorkommende Feldlöwenmäulchen blüht von Juli bis Oktober am Stausee. Die schwefelgelben, gespornten Blüten stehen dachziegelartig in einer langen Traube. Nur kräftige Hummeln vermögen die fünfteilige Blütenkrone mit der zweispaltigen Ober- und der dreispaltigen Unterlippe zu öffnen, um sich in den Schlund mit dem reichhaltigen Honigvorrat zu schieben. Um an den meist trockenen Standorten genügend Wasser zu bekommen, besitzt das Leinkraut eine bis zu einem Meter tief reichende Wurzel. „linum = Flachs" weist auf die Ähnlichkeit der Blätter mit denen des Flachses hin. Ein Ansud des Krautes mit Alaun diente im Mittelalter zum Stärken der Wäsche.

Die unscheinbar gelb-rötlichen, gestielten Blüten der **Echten Nelkenwurz** *(Geum urbanum)* haben die fünfzählige Blütenkrone der Rosengewächse. Das rötliche Fruchtknöpfchen sieht igelförmig aus. Der Name der am Moosberg wachsenden Pflanze kommt vom nelkenartigen Geruch der Wurzel. Ihre Bedeutung als Heilpflanze ist sehr alt und vielseitig, daher auch der Beiname Benediktenkraut = „gesegnetes Kraut". Ätherisches Öl, Bitterstoffe und Gerbstoffe sollen nervenstärkend, antidiarrhoisch und milchbildend wirken.

Das **Klebrige Kreuzkraut** *(Senecio viscosus)* ist eines von 24 in Deutschland bekannten Arten. Man trifft es von Frühling bis Herbst bei Hartenthal blühend als gemeines Unkraut. In der Zeit der Samenreife bilden die Blütenstände löwenzahnähnliche Pusteblümchen, deren feine Haarbüschel an das Silberhaar eines Greises erinnern. Daher auch der Name Senecio, der sich von „senex = Greis" ableitet. Aus Greiskraut entstand sprachlich im Laufe der Zeit Kreuzkraut.

Der **Gemeine Ziest** *(Stachys officinalis)* heißt auch Heilziest, da er früher in der Volksmedizin als bedeutende Heilpflanze galt. Darauf deutet auch die botanische Bezeichnung „officinalis" hin, die sich von „Offizin = Apotheke" ableitet. Die magenstärkende, karminative, beruhigende und wundheilende Wirkung konnte nicht bestätigt werden. Der Name „stachys = Ähre" bezieht sich auf die schöne purpurfarbene Kopfähre des Lippenblütlers, der Wanderern in den lichten Wäldern des Moosbergs auffällt.

253.

Gemeines Leinkraut

254.

Echte Nelkenwurz

255.

Klebriges Kreuzkraut

256.

Gemeiner Ziest

253

254

255

256

Die **Echte Pfefferminze** *(Mentha piperita)* ist ein Bastard zwischen Wasserminze gekreuzt mit Krauseminze. Sie wächst in Kulturen angebaut und läßt sich nur über Ausläufer vermehren. Der Name „Mentha", zu der ja auch die Art **Langblättrige Roßminze** *(Mentha longifolia)* gehört, geht auf die Nymphe Menthe zurück, die der Sage nach von Persephone, der Beherrscherin der Unterwelt, in diese Pflanze verwandelt wurde. Pfefferminzpflanzenanbau ist im Norden seit dem 5. Jahrhundert bekannt. Minzpflanzenreste fand man als Blumengewinde in ägyptischen Gräbern. Die Pfefferminze gehört mit Recht zu den bekanntesten und beliebtesten Heilpflanzen. Sie fehlt als Mittel gegen Magen-Darm-Störungen in keiner Hausapotheke. Auch Kneipp hielt viel von ihrer „magenstärkenden" Wirkung. Das würzig frische ätherische Öl enthält als Hauptwirkstoff Menthol und wirkt desinfizierend, krampflösend, kühlend, durchblutungsfördernd, karminativ und den Gallefluß anregend. Pfefferminztee hilft daher ausgezeichnet bei Galle- oder Oberbauchbeschwerden. Die dekorativen Blättchen würzen Salate, Suppen, Soßen, Spirituosen und Süßspeisen. Äußerlich hat das Minzöl auch unter den Namen China- oder Japanisches Heilpflanzenöl Karriere gemacht als entzündungshemmende Einreibung bei Muskel- und Gelenkschmerzen. Ein Tropfen an der Schläfe mildert oft Migränebeschwerden. Ein Tropfen auf die Zunge oder unter die Nase befreit die Atemwege. Jährlich werden weltweit weit mehr als 1000 Tonnen dieser Heilpflanze angebaut. Infolge der hohen Bastardisierungsbereitschaft der Minzen findet man diese überall auf feuchten Wiesen, an Bachufern und in Gräben. In Europa wird Pfefferminze in großem Umfang seit Mitte des 12. Jahrhunderts, ausgehend von England, angebaut. Mit die beste Qualität ist daher auch die Mitcham-Minze, die man gut am roten Stengel und den rötlich geäderten Blättchen erkennt.
Der Sage nach soll Achilles die Heilkraft der **Schafgarbe** *(Achillea millefolium)* entdeckt und damit den König Telephus im Trojanischen Krieg geheilt haben. Bitterstoffe und ätherisches Öl gleichen denen der Kamille. Ähnlich ist daher auch die entzündungshemmende, krampflösende Wirkung bei Magen-Darm-Erkrankungen und Appetitlosigkeit. Schafe fressen die Pflanze besonders gerne. Die lateinische Bezeichnung „millefolium = tausend Blättchen" weist auf die stark gefiederten Blättchen hin. Diese eignen sich als Gewürz für Käse, Grüne Soße oder als Brotbelag und Wildgemüse. Die zahlreichen Korbblütchen bieten Insekten Labsal und Unterschlupf. Goethes Götz überreicht dem verwundeten Ritter eine Schafgarbe mit dem Satz: „Sie stillt das Blut, gibt neue Kraft." Bemerkenswert ist in diesem Zusammenhang neuere Literatur, die Schafgarbenextrakt antiseptische, entzündungshemmende, ja sogar antibiotische Wirkung zuschreibt. Trefflich formuliert der Volksmund die lindernde Wirkung bei Menstruationsbeschwerden:

> „Schafgarb im Leib
> tut wohl jedem Weib."

Der **Winterthymian** *(Thymus vulgaris)* ist ursprünglich in den aromatisch duftenden Strauchheiden der südlichen Mittelmeerländer beheimatet. Bei uns wird Thymian gerne, wie an der Teefabrik, auf trockene, steinige Böden als ausgezeichnete Bienenweide („Immenkraut") angepflanzt. Sein Name kommt wohl von „thyo = räuchern", da dieser Lippenblütler in der Antike als Räucherpflanze gegen Ungeziefer verwendet wurde („Flohkraut"). Thymian würzt Wurst, Fleisch und Fisch. Hauptinhaltsstoffe des herb riechenden ätherischen Öles ist das Thymol, ein Stoff mit stark antibakterieller Wirkung. Deshalb ist Thymian Bestandteil von Husten- und Bronchialtees. Als Badezusatz, Wickel oder Inhalation nutzt man die intensiv desinfizierende Wirkung des ätherischen Öles zur spürbaren Erleichterung bei Erkältungskrankheiten. Sebastian Kneipp schreibt schon, Thymianabsud diene zur „Reinigung der Brust".

257.
Pfefferminze

258.
Schafgarbe

259.
Winterthymian

260.
Langblättrige Roßminze

257

258

259

260

Auf feuchten Wiesen am Moosberg ist die **Bach-sternmiere** *(Stellaria uliginosa)* mit ihren kleinen Blüten vereinzelt anzutreffen. „Stella = Stern" bezieht sich auf die Blütensterne dieses Nelkengewächses. Es hat lange, zugespitzte, gegenständige Blätter, die Früchte sind Kapseln. Mieren sind locker aufsteigende, an den Knoten leicht brechende Kräuter. Die Bachsternmiere hat einen wenig verzweigten, kahlen Stengel. Die gestielten Blüten sind zu einer gabeligen, wenig blütigen, scheinbar seitenständigen Trugdolde vereinigt.

Die **Grassternmiere** *(Stellaria graminea)* überzieht dagegen als dünnwüchsige Pflanze mit stark verästelten, leicht kriechenden Stielen rasenbildend Acker- und Wiesenränder. Bei ihr bilden die Blüten eine gespreiztästige, lockere Doldentraube, Größe und Anzahl der Blüten variieren stark. Die Kronblätter der fünfzähligen Sternblüten sind bis auf den Grund zwiegespalten. Bei Nacht oder bei kühlem Wetter schließen sie sich. Dies kann zu Selbstbestäubung führen.

Der **Flohknöterich** *(Polygonum persicaria)* heißt in Österreich „Hansel am Weg" und besitzt den namensgebenden, vierkantigen Stengel. Er bevorzugt, wie bei Hartenthal, feuchte Wiesen und ist gut an den dichtblütigen, walzigen, rosa Scheinähren zu erkennen. Wegen der langen, spitzen Laubblätter nennt man ihn auch Pfirsichblättrigen Knöterich.

Ab etwa 400 nach Christus sind an der Nordküste von Peru Nachbildungen von **Kartoffeln** *(Solanum tuberosum)* in Form von Tongefäßen hergestellt worden. Insgesamt gibt es in Nord- und Südamerika außer den kultivierten etwa 200 wilde, Knollen tragende Kartoffelarten. Die bei uns verbreiteten Kartoffeln leiten sich von Mustersendungen südamerikanischer Landsorten ab, die bei der Eroberung von Peru durch die Spanier Mitte des 16. Jahrhunderts mitgebracht wurden. Wie die Tomate, der Paprika, aber auch die Tollkirsche gehört sie zur Familie der Nachtschattengewächse. Die Knollen, die wir als Kartoffeln essen, sind Verdickungen am Ende unterirdischer Ausläufer. Als Speicherorgane sind sie vollgestopft mit Reservestoffen wie Stärke, Eiweiß, Vitaminen, Mineralien und Spurenelementen. Ihre Bedeutung als preisgünstiges Grundnahrungsmittel beruht auf den breiten Anbaumöglichkeiten in fast jedem Klima und Boden, ihre Lagerfähigkeit und Geschmacksneutralität. Mit der Schale gekochte Kartoffeln sind besonders reich an Vitaminen und Mineralien, vor allem an Vitamin C.

261.
Bachsternmiere

262.
Flohknöterich

263.
Kartoffel

264.
Grassternmiere

261

262

263

264

Bereits Karl der Große schätzte den **Eibisch** *(Althea officinalis)* als Heilmittel so hoch ein, daß er in seinen Gütern angebaut werden mußte. Seit Urzeiten wird Eibisch, auch Heilwurzel genannt, als ausgesprochene Schleimdroge geschätzt zum Erweichen von Geschwüren, gegen Juckreiz und Insektenstiche, bei Magen-Darmkatarrh, vor allem aber bei Bronchitis und Erkältungskrankheiten. Wegen dieser vielfältigen Wirkungen soll die sowohl griechische als auch lateinische Bezeichnung „althea" nach Dioscurides vom griechischen „poly althes = vielheilend" abgeleitet sein. Wie Baumwollstrauch oder Kakaobaum gehört er mit ihren zarten, hell rosa Blüten zu den Malvengewächsen. Die im Kräutergarten angepflanzte Staude bevorzugt salzhaltige Böden, ist filzig behaart und entwickelt einen waagrecht kriechenden Wurzelstock. Geschnittene Eibischwurzeln dürfen als reizmildernde Schleimdroge nur kalt angesetzt werden. Kochendes Wasser wurde den Schleim verklumpen lassen.

Durch ihre Höhe und die großen weißen Dolden fällt die **Waldengelwurz** *(Angelica silvestris)* an feuchten Waldstellen bei Hartenthal leicht auf. Wegen ihrer Heilwirkung bei Brustbeschwerden wird sie auch Brustwurz genannt. Typisch sind die am hohlen, runden Stengel sitzenden großen, aufgebauchten Scheiden des Blattgrundes. Wie die offizinelle Engelwurz enthält auch die Wildpflanze in allen Teilen ätherisches Öl, in den Wurzeln daneben noch Gerbstoff und Harz. Tee aus Samen, Blättern oder Wurzel wirkt magenstärkend, harn- und schweißtreibend.

Als geschätztes Gewürz und Nahrungsmittel dient das ätherische Öl in Norddeutschland als aromatisierender Zusatz bei der Herstellung von Wacholderschnaps.

Wegen der Form der rötlichen Blütenscheinquirle wird **Herzgespann** *(Leonurus cardiaca)* im Volksmund auch „Löwenschwanz" genannt („Leo = Löwe" und „oyra = Schwanz"). Sie wurde als Heilpflanze kultiviert. Das Kraut wird seit dem Mittelalter vor allem zur Behandlung von „nervösen Herzbeschwerden" ohne organische Ursache verwendet, also einer sehr aktuellen Streßindikation. Der Lippen-

blütler blüht nur im Juli und August an der Teefabrik und riecht unangenehm.

Zwar heißt auch das Echte Herzgespann volkstümlich wegen seiner Verwendung bei Frauenbeschwerden Mutterkraut, das botanisch korrekt bezeichnete **Mutterkraut** *(Chrysanthemum parthenium)* gehört dagegen zur Familie der Korbblütler. Die Blüten des im Garten des Dominikanerinnenklosters vorkommenden Kräutleins gleichen nicht nur denen der Kamille, sondern enthalten auch ähnliche wundheilende und regelfördernde Wirkstoffe. So wurde es sogar früher betrügerisch als Kamille verkauft. Im Mittelalter wurde es häufig mit Wein und Honig vermischt gegen Schwindel und Depressionen eingenommen. Eine Abkochung der Blütenköpfe soll als Breiumschlag gegen Prellungen und Hautreizungen helfen.

265.
Eibisch

266.
Waldengelwurz

267.
Herzgespann

268.
Mutterkraut

265

266

267

268

Herbst

Jedes Kind schätzt den eingedickten Zuckersirup aus dem Fruchtsaft der **Himbeere** *(Rubus idaeus)* als Limonadengrundlage. Wild in Wäldern und Gebüschen, kultiviert in Gärten, erntet man im Hochsommer die roten Früchte („rubus = rot") dieses stacheligen Rosengewächses zur Bereitung von Gelee, Marmeladen, Säften, aber auch als Grundlage des aromatischen Himbeergeistes. Die Blütezeit beginnt im Mai, die Fruchtreife ab Juni. Im Gegensatz zu Brombeerblättern sind Himbeerblätter heller, unten weißfilzig und drei- bis fünfzählig gefiedert mit einem Einzelblatt an der Spitze. Wie Brombeer- und Erdbeerblätter eignen sich auch die gerbstoffhaltigen jungen Blätter für neutrale, aromatische Haustees und als leichtes Mittel gegen Durchfall. Die saftigen Früchte enthalten Zitronensäure und Pektine.

Die **Rote Heckenkirsche** *(Lonicera xylostenum)* heißt auch Gemeines Geißblatt und ist nach dem 1586 verstorbenen Verfasser eines Kräuterbuches A. Lonicer benannt. Ihre Blätter sind rundlich und mit kurzer Spitze, die Blüte ist ein kleiner, weißer Trichter. Die kräftigen Zweige besitzen ein sehr hartes Holz („xylos = Holz"), das auch „Beinholz" genannt und zu Drechslerarbeiten verwendet wird. Im Gegensatz zum Waldgeißbart rankt das gemeine nicht. Der deutsche Name Geißblatt rührt daher, weil Schafe und Ziegen die Blätter gerne fressen.

Ein ausgesprochener Exot im rauhen Allgäu ist der an der warmen Klostermauer im Dominikannerinnenkloster rankende **Wein** *(Vinis vinifera)*. Er dient mehr der Zierde, und nicht umsonst ist das Wörishofer Bier bekannter und beliebter als seine Weinlagen. Allerdings sollte in diesem Zusammenhang nicht unerwähnt bleiben, daß Sebastian Kneipp medizinische Weine, also Ansätze von Heilkräutern und Früchten mit Wein, wie zum Beispiel den Rosmarinwein, sehr schätzte und als Tonikum empfahl.

Die **Rosenpappel** *(Malva alcea)*, auch Sigmarskraut genannt, blüht als ausdauerndes Unkraut am trockenen, lichten Wegrand. Diese Art ist bezüglich des Laubschnittes und der Behaarung ziemlich veränderlich und hat sich als stickstoffliebende Pflanze weit ausgebreitet. Ihre Kultur aus Gärten ist alt, da sie ähnlich wie Eibisch oder Käsepappel als erweichende Schleimdroge verwendet wurde. Nan schrieb ihr im Mittelalter Schutzwirkung vor Unfällen zu oder trug sie zur Stärkung der Augen als Amulett um den Hals.

269.
Himbeere

270.
Rote Heckenkirsche

271.
Wein

272.
Rosenpappel

269

270

271

272

Auf Waldlichtungen am Moosberg oder bei Hartenthal leuchten die purpurroten Blütentrauben des fast mannshoch werdenden **Schmalblättrigen Weidenröschens** *(Epilobium angustifolium)*. Die Weidenröschen zählen botanisch zur Familie der Nachtkerzengewächse. Volkstümlich weit verbreitet ist der Einsatz von Weidenröschentee zur Linderung von Prostatabeschwerden. Früher hat man diese Wirkung nur dem Kleinblütigen Weidenröschen (Epilobium parviflorum) zugeschrieben. Inzwischen wurde auch in der preiswerteren schmalblättrigen Art Sitosterin nachgewiesen. Dieser dem im Körper vorkommenden Cholesterin analoge Pflanzeninhaltsstoff wird seit langem gegen Prostataleiden angewendet. Ähnlich wie Löwenzahn verbreiten sich Weidenröschen als schwer zu bekämpfendes Unkraut über fliegende Samen. Der Name „Epilobium" kommt von „epi = über" und „lobos = Schote", da die Blüte über der Schote steht. Die schmalen Blätter ähneln denen von Weiden. Die Wurzel wurde früher als Spargelersatz gegessen.

Einer der exklusivsten Wiesensträuße, den man heute schenken kann, ist ein Strauß von **Kornblumen** *(Centaurea cyanus)*. Früher waren sie zusammen mit Klatschmohn die sommerlichen Farbtupfer in Getreidefeldern („cyanus = blau"). Aufgrund von Unkrautvernichtungsmitteln und Düngung ist sie heute fast nicht mehr zu entdecken. So ist auch das in Wörishofen aufgefundene Exemplar mit einer Naturwiesensamenmischung ausgesät. Die Kornblume stammt aus dem Orient und ist seit der Jungsteinzeit Begleiter des Getreides. Sie hat keinen Eingang in andere Pflanzengesellschaften gefunden. Der Tee gilt als menstruationsfördernd. Meist werden aber die intensivblauen Strahlrandblüten Teemischungen als Schmuckdroge beigemischt.

Der **Dost** *(Origanum vulgare)* blüht im Spätsommer mit seinen gestielten Ährchen voller braunroter Lippenblüten auf trockenen Wiesen und an Wegrändern am Moosberg. Das blühende Kraut enthält reichlich ätherisches Öl („Wilder Majoran") und ist eine ausgezeichnete Bienenweide. Der rundliche, rote Stengel ist behaart, der Wurzelstock kriechend. Einen Teeaufguß benutzt man vor allem bei krampfartigem Husten. Des Duftes wegen gehört das Kraut oft zur Füllung von Kräuterkissen, die als Aromatherapie entspannend wirken können. Unter dem Namen „Wohlgemut" diente es im Mittelalter als stimmungsaufhellendes Beruhigungsmittel zur Linderung von „gebrochenem Lebensmut".

Fast wie eine Enzianart sehen die schönen, violettblauen Exemplare der **Knäuelglockenblume** *(Campanula glomerulata)* am Wegesrand am Moosberg aus. Sie ist eine von 250 Arten dieser wunderschönen Pflanzengattung, die vornehmlich in der Alten Welt heimisch ist.

273.
Schmalblättriges Weidenröschen

274.
Kornblume

275.
Dost

276.
Knäuelglockenblume

273

274

275

276

Im Gegensatz zum Wiesenstorchschnabel liebt der **Sumpfstorchschnabel** *(Geranium palustre)* feuchte Wiesen und Wälder. Auffallend sind am Moosberg seine großen purpurroten Blüten an einem rauhhaarigen Stengel. Typisch sind die fast eckigen Blätter, die handförmig und siebenspaltig geformt sind. Die familientypische, storchschnabelförmige Spaltfrucht hat fünf Klappen.

Auf dem Weg zum Stausee erkennt man am Wegesrand sofort den **Odermennig** *(Agrimonia eupatoria)* an seinem stengelartig aufragenden Ährenstand voller gelber, kleiner Rosenblütchen. Die Zugehörigkeit zu den Rosengewächsen läßt sich leichter aus den unpaarig gefiederten, gesägten Blättern erkennen, die beim Reiben angenehm duften. Typisch ist die stachelige Frucht, die wie eine Klette an der Kleidung haftet. Wegen des Gehaltes an Gerbstoff, Bitterstoff und ätherischem Öl wird der Tee bei Magenbeschwerden getrunken und bei Rachenentzündungen gegurgelt. „Agrimonia" heißt „feldbewohnend". Seine medizinische Wertschätzung spiegeln die Bezeichnungen Leberkraut, Leberklette, Brustkraut, ja sogar „Heil aller Welt" wieder. Der Aberglaube an diese heilkräftige Pflanze lebt heute noch als Orakelblume weiter, die angeblich Erntetermine anzeigen soll, und zwar je nachdem, ob die Blüten an den Ähren oben, in der Mitte oder unten am dichtesten sind.

An feuchten, schutthaltigen Gräben im Zillertal blüht im Juli mit grünlichen Blütenknäuelchen in den Blattachseln der **Knäuelampfer** *(Rumex conglomeratus)*. Dieses Knöterichgewächs ist bis zur Spitze beblättert. Die untersten Blätter sind herz-eiförmig, die mittleren lanzettlich-spitz geformt. Der aufrechte Stengel ist oft gerillt und rot überlaufen. Die zwittrigen Blüten stehen in zu Trauben angeordneten Scheinquirlen. Die schwarzbraunen Nüßchen besitzen schmale Klappen.

Nicht gleich als Doldengewächs erkennt man die **Große Sterndolde** *(Astrantia major)*, die bis zu einem halben Meter hoch werden kann. Mit ihren weiß-rosa Kugelköpfchen ist sie häufig in den Auwäldern bei Hartenthal anzutreffen. Typisch sind die handförmigen, fünffingrig geteilten Blätter mit gesägtem Blattrand. Die kleinen Dolden sind eingefaßt von einer Manschette grünlich getönter Hüllblätter. Gut zu erkennen ist die Verwandtschaft der Sterndolde zum Sanikel.

277.
Sumpfstorchschnabel

278.
Odermennig

279.
Knäuelampfer

280.
Große Sterndolde

277

278

279

280

Zur Familie der Rachenblütler gehört die nicht oft anzutreffende **Gelbe Gauklerblume** *(Mimulus guttatus)*. Sie fühlt sich aber offenbar am Bachrand im Zillertal wohl. Wegen dieses bevorzugten Standortes heißt sie in Kärnten auch Gelbe Bachblume. Zuweilen findet man auf der Blüte rote Flecken. Diese sollen an die fünf Wunden Christi erinnern und haben der Pflanze deshalb in der Schweiz auch den Namen Fünfwunde-Blümli eingebracht. Die ursprüngliche Gartenzierpflanze stammt aus Amerika und hat sich vielerorts verwildert und ausdauernd an Ufern eingebürgert.

Eine häufig um Wörishofen vorkommende Kratzdistelart ist die **Kohldistel** *(Cirsium oleraceum)*, die nach ihrem Standort in manchen Gegenden auch Wiesendistel genannt wird. Wegen der schartigen Einschnitte ihrer Blätter heißt sie auch Schar, Scharkraut oder Scharpflug. Sie tritt als lästiges Unkraut auf, wird aber auch als Schweinefutter verwendet. Im Gegensatz zu vielen anderen Kratzdisteln sind ihre Blüten weißlich-gelb. Sie ist ein charakteristischer Bewohner feuchter Wiesen und blüht meist erst nach der ersten Mahd, also zur Zeit des zweiten Hochstandes der Wiese. Saure Böden flieht sie. Dagegen liebt sie die Gesellschaft von Mädesüß, Wiesenplatterbse, Sumpfstorchschnabel und Wiesenbärenklau.

Die Gattung Johanniskraut umfaßt 200 Arten, und diese Hartheugewächse unterteilt man aufgrund ihres Blütenbaus in 18 Sektionen. Am bekanntesten und arzneilich verwendet wird das **Echte Johanniskraut** *(Hypericum perforatum)* wegen seiner innerlich angewendet nervenstärkenden, äußerlich wundheilenden Wirkung. Das **Gefleckte Johanniskraut** *(Hypericum maculatum)* ist eine sehr vielgestaltige Art. Es wird 20 bis 40 cm hoch, ist kahl und im oberen Teil ästig. Auch der Stengel ist wie die gelben Kronblätter schwarz punktiert. Die Blüten sitzen auf schwarzdrüsigen Stielen in Trauben. Am Moosberg im Juli blühend bevorzugt es feuchte Weiden und Gräben.

Einen Monat nach dem Weißen erblüht im Juni das Gelbe oder **Echte Labkraut** *(Galium verum)*. Seine Rispen sind übersät mit hellgelben Blütensternchen, die eine gute Bienenweide sind und zart nach Honig duften. Diese Art enthält neben Glycosiden und ätherischem Öl besonders viel Labenzym und eignet sich daher gut zur Gerinnung der Milch. Bei den alten Germanen war Labkraut der Freya geweiht. Diese Verehrung ging später auf die Gottesmutter über. Daher findet man es auf vielen Madonnendarstellungen der mittelalterlichen Tafelmalerei.

281.
Gelbe Gauklerblume

282.
Kohldistel

283.
Echtes Johanniskraut

284.
Echtes Labkraut

281

282

283

284

Als Kleeart besitzt der **Echte Steinklee** *(Melilotus officinalis)* zwar die typischen dreizähligen Kleeblätter, aber nicht die kugeligen Blütenköpfchen. Am Radweg zum Stausee blüht ab Juni die ziemlich hochwüchsige Pflanze mit gelben, länglichen Schmetterlingsblütentrauben. Sie bevorzugt steinige Wegränder und Schuttplätze („Steinklee"). „Melilotus" setzt sich zusammen aus „meli = Honig" und „lotus = duftend", daher auch der Name „Honigklee". Typisch für die Steinkleearten ist ihr Gehalt an Cumarin, dem sie nach dem Trocknen den starken Waldmeisterduft verdanken. Daneben enthält das blühende Kraut noch Schleimstoffe und Cholin. Die kleinen Blütchen ähneln einem kleinen Schuh, weshalb der Volksmund die Pflanze auch „Unserer lieben Frau Schühlein" nennt. Wie sein Bruder, der Weiße Steinklee, sollte der Echte Steinklee Bestandteil hochwertiger Heublumen sein.

Während der **Blaue Eisenhut** *(Aconitum napelus)* im Kräutergarten angepflanzt ist, finden wir den **Wolfseisenhut** *(Aconitum vulpera)* im lichten Wald des Zillertals. Ihren Namen tragen diese Hahnenfußgewächse nach der helmartigen Form des obersten der fünf Kronblätter (auch „Mönchshut", Sturmhut, Narrenkappe"). Heimisch ist der Blaue Eisenhut auf überdüngten Weiden, Hochwiesen, um Viehtränken und Sennhütten in Höhenlagen bis 3000 Meter. Der Sage nach sollte die in allen Teilen hochgiftige Pflanze wilde Tiere abwehren. Die Gebirgsbewohner benutzten die schwarze, fleischige Wurzel als Rattenköder, ein Absud davon diente als Ungeziefervernichtungsmittel. Aconitinalkaloide werden in der Hand des Arztes vor allem homöopathisch gegen rheumatische Leiden eingesetzt. Aconitin wird schon über die unverletzte Hand aufgenommen und im Organismus verteilt. 3 bis 6 Milligramm können für einen Erwachsenen tödlich sein. Kinder sollte man vor dieser in vielen Gärten geschätzten Zierpflanze warnen. In der Antike wurden Speerspitzen mit Eisenhutdroge präpariert und Verbrecher damit hingerichtet. Plinius nannte Eisenhut das „pflanzliche Arsen". Die gelbblühende Art des Wolfseisenhuts ist ursprünglich in China und im Himalaya verbreitet. Bei uns kommt sie vor allem in Süddeutschland vor. Auch diese Pflanze enthält in allen Teilen giftige Alkaloide.

Während der Klatschmohn häufig auf Schutthalden und Feldern wuchert, wächst der **Schlafmohn** *(Papaver sominferum)* wohlverschlossen als wunderschönes Exemplar hinter Klostermauern im Kräutergarten des Dominikanerinnenklosters. Diese aus dem Orient stammende Mohnart hat eine schöne rötlich-weiß bis violette Blüte und ist eine der wichtigsten, stark kontrolliert feldmäßig angebauten Heilpflanzen. Den eingedickten Milchsaft, der nach dem Anritzen aus der unreifen Mohnkapsel austritt, bezeichnet man als Rohopium. Die darin enthaltenen Alkaloide werden weltweit als Sucht- und Betäubungsmittel mißbraucht. Extrahiert, standardisiert und exakt in kleinsten Mengen dosiert sind sie aber in der Hand des Arztes unverzichtbare Arzneimittel: Morphin als segensreiches, stark wirksames Schmerzmittel, Papaverin als krampflösendes Mittel bei Koliken, Codein als Mittel der Wahl bei stärkstem Reizhusten. Morphin war der erste pflanzliche Inhaltsstoff, der 1804 von Apotheker Sertürner in Reinform dargestellt werden konnte. Alle Teile, bis auf den bis zu 50 % fettes Öl enthaltenden Samen, sind giftig. Dieser ist beliebt für Mohnkuchen. Sträflicher Leichtsinn ist die früher verbreitete Unsitte, Kindern als Schnuller ein Mohnsäckchen anzubieten, damit sie besser schlafen. Eine gefährliche Abhängigkeit wird geradezu vorprogrammiert. Auf den Hauptwirkstoff des Schlafmohns weist eine Redensart hin: „In Morpheus Armen ruhen." Die Griechen schätzten guten Schlaf als Göttergeschenk. Schlafmohn war daher dem Gott des Schlafes, Hypnos, und dessen Sohn Morpheus, dem Gott der Träume, geweiht.

285.
Echter Steinklee

286.
Wolfseisenhut

287.
Blauer Eisenhut

288.
Schlafmohn

285

286

287

288

Fast als „bayerischen Biergartenbaum" könnte man die **Roßkastanie** *(Aesculus hippocastanum)* bezeichnen, denn sie spendet geselligen Zechern im Sommer wohltuenden Schatten. Ihren Namen verdankt sie den Narben der abfallenden Blätter, die einem Pferdefuß ähneln. Dreimal erfreuen uns jährlich die mächtigen Bäume: im Frühjahr mit den silbrig behaarten Blatthänden, im Mai–Juni mit den roten oder weißen Blütenkerzen, und im Spätsommer mit den igelstacheligen Kapselfrüchten. Trotz des weichen, leicht spaltbaren Holzes können Kastanien bis zu 200 Jahre alt werden. Im Gegensatz zu den Maroni der Eßkastanie schmecken die sehr stärkehaltigen Früchte der Roßkastanien bitter und lassen sich höchstens als Mast- und Winterfutter verwenden. Neben Flavonoiden enthalten die Samen bis zu 4 % Aescin. Der Extrakt eignet sich in Form von Dragees, Tropfen, Salben und Gelen zur Behandlung von Venenschwäche, Krampfadern, Blutergüssen und Hämorrhoiden. Das in der Rinde vorkommende Aesculin schützt in Kosmetika eingearbeitet vor Sonnenbrand.

Unser heute bekannter **Mais** *(Zea mays)* ist wegen der Größe der Fruchtstände (Kolben) und der Körner ein viel angebauter Grasgigant. Auch wenn Maiskolben heute als Beigemüse angeboten werden, wird Mais in Deutschland fast ausschließlich als Futterpflanze zur Silierung verwendet. In der Weltproduktion liegt er hinter dem Weizen an zweiter Stelle. Columbus entdeckte ihn 1492 auf seiner Fahrt nach Amerika. Bereits 1525 wurde Mais in Südspanien feldmäßig angebaut. Im Kräuterbuch des Tübinger Arztes Leonhart Fuchs wurde 1543 die erste Maispflanze abgebildet. Wegen verheerender Kartoffelmißernten wurden Maiskörner für Suppen, Brot, Kuchen, Pudding und als Kaffee-Ersatz verwendet. Der Durchbruch gelang beim Maisanbau aber erst Anfang der siebziger Jahre unseres Jahrhunderts durch die Züchtung besser frühreifer Sorten.

Ihrem Namen gerecht wird die an Gartenzäunen rankende **Zaunwinde** *(Convolvulus sepium)*. Die Winden sind mit ihren großen, weißen Trichterblüten überall gemein, wobei die Zaunwinde im Gegensatz zur Ackerwinde Gebüsche und Hecken bevorzugt. Die windenden Convolvaceen-Stengel können bis zu 3 Meter lang werden. Die Blätter sind charakteristisch pfeilförmig. Sich morgens nicht öffnende Blütentrichter sollen Regen ankündigen. Plinius verglich die Zaunwinde mit der Lilie: „Wegen ihrer Weiße ähneln sie sich sehr, als ob die Natur an dieser Pflanze gelernt habe, wie eine richtige Lilie zu machen sein."

Im Gegensatz zur Echten Kamille ist die **Geruchlose Kamille** *(Matricaria inodora)* wirkungslos. Die Pflanze ähnelt mehr einer Margerite und wird auch als „Falsche Kamille" bezeichnet. Ihr Blütenboden ist mit Mark ausgefüllt, während der der echten, wirkstoffreichen Kamille charakteristisch hohl ist. Wie der Name „inodora = geruchlos" anzeigt, fehlt dieser Art der typische Duft des ätherischen Öles.

289.
Roßkastanie

290.
Mais

291.
Zaunwinde

292.
Geruchlose Kamille

289 290

291 292

Der Sage nach hat Artemis, die griechische Diana, den **Wermut** *(Artemisia absinthium)* zuerst gegen Frauenleiden empfohlen. Das griechische Wort „absinthion = Mißvergnügen" rügt, daß das Kraut zwar aromatisch, aber auch unangenehm riecht. Auch der Tee ist nicht gerade vergnüglich zu trinken. Wermuttee schmeckt noch 1:15 000 bitter. Aufgrund dieser Bitterstoffe, des ätherischen Öls und hohen Kaliumgehalts regt Wermut die Absonderungen der Speichel-, Magen- und Darmdrüsen an und beschleunigt die Verdauungsbewegungen des Magens und Darmes. Als bittere Pflanze eignet er sich daher in Form von Tee, Tropfen oder Tonischem Wein ausgezeichnet bei Appetitlosigkeit, krampfartigen Magen-Darm-Galle-Störungen und Schwächezuständen. Sebastian Kneipp hat den Wermut in seinen Schriften allein siebzehnmal lobend erwähnt. Im Gegensatz zu hochwertigen Aperitifweinen ist dringend vor billigem, mit Anis aromatisiertem Absinthschnaps zu warnen. Dieser hat durch das eindringliche Van-Gogh-Portrait eines zerstörten, haltlosen Absinthtrinkers traurige Berühmtheit erlangt. Heimisch ist Wermut in den Steppengebieten Osteuropas und Zentralasiens. Kultiviert wird er vor allem in den warmen Mittelmeerländern. Charakteristisch sind für dieses im Kräutergarten angepflanzte Korbblütengewächs die seidig-filzige Behaarung und die in den Stengel eingelassenen Öldrüsen. Wermut soll angeblich in der Lage sein, Seife zu ersetzen. Der „Wermutstropfen" dieser Pflanze ist das Thujon, denn dieser Bestandteil kann bei Dauergebrauch zu Nierenschäden führen.

Wohl jeder kennt wegen der typischen weiß-grauen, rissigen Rinde die anspruchslose, feuchtigkeitsliebende **Birke** *(Betula pendula)*. Als Frühlingssymbol lädt der Baum zum Rasten und Träumen ein. Die jungen Zweige tragen Harzdrüsen mit sogenanntem Birkenkampfer, aus dem in Rußland durch Destillation Juchtenöl zur Lederaromatisierung gewonnen wird. Anbohren der Stämme im Frühjahr läßt Birkensaft ausfließen, der zu Haarwässern und leicht alkoholischen Getränken verwendet wird. Birkenblätter enthalten Flavonoide, ätherisches Öl, Vitamin C

und Gerbstoff. Sie wirken harntreibend, ohne dabei die Nieren zu reizen. Somit eignen sie sich sehr gut zu wassertreibenden, „blutreinigenden" Gicht- und Rheumatees. Birkenalleen um Wörishofen erfreuen den Wanderer mit wunderbarem, balsamischem Duft. In günstigen Jahren entdeckt man am Waldweg nach Hartenthal das unscheinbare Enziangewächs **Tausendgüldenkraut** *(Erythrea centaurea)*. Es ist die erste Heilpflanze, die Sebastian Kneipp durch seine Mutter kennenlernte. Seine spätere Hochschätzung drückt er so aus: „Als Heilmittel für Magenleiden müssen wir dem Tausendgüldenkraut die erste Note geben." Den botanischen Namen verdankt die Pflanze dem griechischen Götterboten Chiron, einem Centauren, d. h. halb Pferd, halb Mensch. Im Laufe der Zeit wurde diese Bezeichnung inflationär verfälscht von „centum = hundert" und „aurum = Gold" bis zu 1000-Gulden. Das Kraut schmeckt noch 1:2000 bitter, steigert die Magensaftsekretion und somit dem Appetit. Den ungesüßten Tee sollte man eine halbe Stunde vor der Mahlzeit als Magentonikum trinken. Im Ostseeraum wird dieser auch als „Katertrunk" nach Alkoholgenuß empfohlen.

Etwas ratlos betrachteten unsere Vorfahren die Eigenheit der am Kurhaus blühenden **Herbstzeitlose** *(Colchicum autumnale)*. Die Pflanze bringt im Frühjahr Früchte und Samen hervor, erst im Herbst blüht sie dann wunderschön. Diesen verschobenen Zyklus bezeichneten sie daher als „filius ante patrem", d. h. der Sohn erscheint vor dem Vater. Wegen der laubblattlosen, krokusähnlichen Blüte heißt sie auch „Nackte Jungfrau". Tiere meiden die Pflanzen. Menschen sollten dies auch tun, denn sie ist in allen Teilen giftig. Besonders in der Blüte und im Samen enthält sie das starke Zellgift Colchicin. Dieses ist allerdings standardisiert und exakt dosiert in der Hand des Arztes nach wie vor das wirksamste Mittel beim äußerst schmerzhaften, akuten Gichtanfall. Die über Nacht aus dem Boden schießende fleischfarbene Blüte dieses Liliengewächses ist ein untrüglicher Winterbote.

293.
Wermut

294.
Birke

295.
Tausendgüldenkraut

296.
Herbstzeitlose

293

294

295

296

Während im Frühjahr die schönen weißen Blütenrispen des **Weißdorns** *(Crataegus oxyacantha)* das Auge des Wanderers um Wörishofen erfreuen, leuchten im Herbst die roten Beeren, die ebenso wie die Blätter und Blüten als Arzneitee Verwendung finden. Der Name leitet sich ab vom griechischen „crataios = widerstandsfähig" und weist auf die Zähigkeit des Holzes hin. Weißdorntee sollte mindestens 4 bis 6 Wochen lang getrunken werden. Dauergebrauch ist wie bei den Dragees oder Tropfen zur Behandlung des beginnenden Altersherzens möglich und sinnvoll.

Gerade ältere Herren schätzen auch die lindernde Wirkung des **Kürbis**-Samens *(Cucurbita pepo)* bei Prostatabeschwerden. Der aus Amerika stammende Kürbis wird bei uns als Garten- und Zierpflanze kultiviert. Die Früchte sind reich an Vitaminen und Spurenelementen. Das Fruchtfleisch wird zu Suppen, eingelegten Würzfrüchten oder Kuchen verarbeitet. Kinder höhlen sie aus, um aus ihnen Fratzen und Lampions zu basteln. Zur Behandlung der Reizblase und gutartigen Prostatavergrößerung sind relativ der Beschwerden große Mengen von Kürbiskernen ganz oder geschrotet einzunehmen. Sie enthalten unter anderem Cucurbitin, Vitamin E, Phytosterine und Selen. Bewährt hat sich zur angenehmen Einnahme ohne lästiges Schälen eine schalenlose, grüne Spezialzüchtung bzw. noch angenehmer einzunehmen deren Extrakt in Kapselform.

Nur wenige wissen, daß die Vitamin-C-haltigen **Hagebutten** die Früchte der angenehm duftenden **Heckenrose** sind. Schon Pfarrer Kneipp empfahl Hagebutten oder Kernlestee, d. h. nur die Samenkerne, denn „er lindert und reinigt die Nieren und Blase". Durch unsachgemäße Flurbereinigung ist leider die früher weit verbreitete Heckenrose inzwischen gefährdet. Sehr gut eignet sich dieser Strauch zum Aufpfropfen von Edelrosen.

In Wörishofen und Umgebung findet sich der **Wacholder** *(Juniperus communis)* als Solitärstrauch angepflanzt in Garten. Da er zweihäusig ist, trägt dieses Zypressengewächs bei uns nur an seltenen Exemplaren Früchte. Diese Wacholderbeeren enthalten neben ätherischem Öl Flavonglykoside und Gerbstoffe. Der Name „wach = lebendig" und „hold = Holz" weist ihn als immergrünen Lebensbaum aus. Die Wacholderbeeren wandern nicht nur in die Schnapsbrennereien zur Herstellung von Gin, Genever oder Steinhäger, sondern sie wirken ausgesprochen wassertreibend. Bereits Pfarrer Kneipp hat die an- und absteigende Wacholderbeerkur in den Arzneischatz eingeführt. Mit seiner ein- und ausschleichenden Einnahmevorschrift hat er dabei auch schon berücksichtigt, daß zu lang dauernde Anwendung und Überdosierung die Nieren schädigen kann. In der Küche steht die verdauungsfördernde Wirkung als Gewürz für Sauerkraut, Rauchfleisch, Fisch- und Fleischgerichte im Vordergrund. Das aus dem Holz destillierte ätherische Öl dient bevorzugt als durchblutungsfördernder Zusatz für Rheumabäder oder Einreibungen. Wegen dieses aromatischen Öles eignet sich das Wacholderholz auch sehr gut zum Räuchern.

297.
Weißdorn

298.
Kürbis

299.
Hagebutten/Heckenrose

300.
Wacholder

297

298

299

300

Winter

Nutzen Sie jetzt die wohltuende Wirkung der Heilkräuter!

Pflanzenverzeichnis

Ackerbohne	99	Blaustern	4, 65
Ackerhornkraut	87	Blutweidrich	212
Ackerkratzdistel	185	Blutwurz	169
Ackerschachtelhalm	86	Borretsch	252
Ackersenf	234	Braunelle, Kleine	83
Ackervergißmeinnicht	165	Brennessel, Große	120
Ackerwinde	130	Brennessel, Kleine	214
Alant	251	Brombeere	88
Ampfer, Krauser	187	Brunnenkresse	104
Ampfer, Sumpfblättriger	144	Buschwindröschen	9
Apfelrose	113	Dinkel	191
Arnika	227	Dost	275
Bachnelkenwurz	90	Drachenwurz	50
Bachsternmiere	261	Echter Salbei	118
Baldrian	89	Ehrenpreis, Persischer	7
Bärenklau	97	Eibisch	265
Bärentraube	37	Einbeere	70
Bärlauch	66	Eisenhut, Blauer	287
Basilikum	123	Elfenbeinginster	75
Beinweill	68	Enzian, Gelber	238
Berberitze	111	Erdrauch, Vaillants	213
Bergahorn	41	Erzengelwurz	159
Bergenie	29	Essigkrüglein	25
Bergklee	162	Färberginster	201
Berglungenkraut	79	Faulbaum	95
Bienen-Kugeldistel	129	Fenchel	67
Birke	294	Fieberklee	76
Bittere Kreuzblume	36	Fingerhut, Gelber	182
Bittersüßer Nachtschatten	211	Fingerhut Roter (weißblühende Art)	184

Fingerhut, Großblättriger	183	Honiggras, Wolliges	136
Fingerhut, Roter	181	Hopfen	216
Flohknöterich	262	Hopfenklee	35
Frauenfarn	240	Hornklee, Gemeiner	164
Frauenmantel	18	Huflattich	73
Frauenspiegel, Gemeiner	166	Hundsveilchen	10
Frühlingsknotenblume	1	Immergrün, Kleines	20
Frühlingsplatterbse	62	Jakobskraut	233
Fuchskreuzkraut	188	Johannisbeere	43
Gamander Ehrenpreis	17	Johanniskraut	110
Gänseblümchen	21	Johanniskraut, Echtes	283
Gänsedistel	141	Kälberkropf, Goldfruchtiger	235
Gänsefingerkraut	155	Kamille	105
Gauklerblume, Gelbe	281	Kamille, Geruchlose	292
Gemswurz	57	Kamille, Strahlenlose	143
Germer, Weißer	81	Kanadisches Berufskraut	210
Gerste	190	Kartoffel	263
Gilbweidrich	149	Kastanie, Rote	42
Ginkgo	232	Klappertopf	124
Glockenblume, Pfirsichblättrige	176	Klatschmohn	117
Glockenblume, Rundblättrige	140	Klee, Persischer	154
Goldnessel	49	Klette, Filzige	208
Graslilie, Astlose	172	Knäuelampfer	279
Grassternmiere	264	Knäuelglockenblume	276
Günsel, Genfer	47	Knäuelgras, Gemeines	135
Günsel, Kriechender	27	Knoblauch	225
Habichtskraut	171	Knoblauchsrauke	32
Hagebutten/Heckenrose	299	Knopfkraut, Kleinblütiges	186
Hahnenfuß, Kriechender	108	Knöterich, Milder	145
Hahnenfuß, Scharfer	77	Kohldistel	282
Hartriegel, Roter	230	Königskerze, Großblumig	247
Hauhechel	198	Königskerze, Schwarze	246
Heckenkirsche, Rote	270	Kornblume	274
Heckenrose	63	Kornelkirsche	8
Herbstzeitlose	296	Krausedistel	150
Herzgespann	267	Krauseminze	138
Heublumen	221	Kreuzkraut, Klebriges	255
Hexenkraut, Gemeines	179	Krokus	2
Himbeere	269	Kronwicke, Bunte	195
Hirtentäschel	72	Küchenschelle	38
Hohlzahn, Gemeiner	175	Kuckucks-Lichtnelke	173
Holunder	157	Kümmel, Echter	40
Honiggras	119	Kürbis	298

Labkraut, Echtes	248, 284
Labkraut, Gemeines	78
Labkraut, Nordisches	98
Labkraut, Weiches	152
Lämmersalat	146
Lattich, Wilder	202
Lauch	58
Lavendel	107
Leberblümchen	11
Leimkraut, Aufgeblasenes	174
Lein	219
Leinkraut, Gemeines	253
Lerchensporn, Hohler	14
Lichtnelke, Rote	48
Löwenzahn (Blüte)	55
Löwenzahn (Fruchtstand)	56
Mädesüß	64
Maiglöckchen	121
Mais	290
Malve, Wilde	84
Margerite	53
Mariendistel	82
Meerrettich	45
Melisse	242
Mistel	218
Möhre, Wilde	236
Mutterkraut	268
Nachtkerze, Gemeine	241
Nelkenwurz, Echte	254
Nieswurz, Stinkende	46
Odermennig	278
Pastinak	237
Pestwurz	80
Pfefferminze	257
Pfennigkraut	167
Platterbse, Wilde	178
Preiselbeere	126
Quendel	106
Rainkohl	96
Raps	93
Rauschbeere	116
Reitgras, Land-	134
Rhabarber, China-	160
Riesenbärenklau	193
Ringelblume	196
Rizinus	228
Rohrglanzgras	133
Rosenpappel	272
Rosmarin	44
Roßkastanie	289
Roßminze, Langblättrige	260
Rotklee	91
Rupprechtskraut	209
Saathafer	189
Salbei, Muskateller-	139
Sanddorn	215
Sauerampfer	52
Sauerklee	22
Schafgarbe	258
Scharbockskraut	16
Schattenblume, Zweiblättrige	170
Schaumkraut, Bitteres	51
Schlafmohn	288
Schlangenwurzknöterich	54
Schlehe	24
Schlüsselblume, Hohe	6
Schneeglöckchen	5
Schneespiere	85
Schöllkraut	31
Schwertlilie	122
Schwertlilie, Wasser-	92
Seerose, Weiße	132
Seidelbast	74
Sigmarskraut	203
Sommereiche	217
Sonnenblume	250
Sonnenhut	249
Sonnenröschen, Gemeines	197
Spitzwegerich	34
Springkraut, Drüsiges	194
Springkraut, Echtes	142
Steinklee, Echter	285
Steinklee, Weißer	243
Sterndolde	280
Sumpfdotterblume	12
Sumpfstorchschnabel	277

Sumpfvergißmeinnicht	23
Taubenscabiose	205
Taubenstorchschnabel	33
Taubnessel, Gefleckte	28
Taubnessel, Stengelumfassende	26
Taubnessel, Weiße	71
Tausendgüldenkraut	295
Teufelskralle, Kugelige	206
Tollkirsche	101
Traubenholunder	153/156
Trollblume	60
Türkenbund	200
Vogelbeere	231
Vogelwicke	177
Wacholder	300
Wald-Akelei	59
Waldengelwurz	266
Walderdbeere	15
Waldmeister	69
Waldwachtelweizen	127, 199
Waldwitwenblume	204
Waldziest	161
Wasserlinse, Kleine	220
Wegerich, Breitblättriger	39, 147
Wegwarte	137
Weidenröschen, Schmalblättriges	273
Weidenröschen, Zottiges	94
Wein	271
Weißdorn	109, 297
Weißklee	148

Weißwurz, Quirlblättrige	115
Weißwurz, Vielblütige	61
Weizen	192
Wermut	293
Widdertonmoos	239
Wiesenbocksbart	125
Wiesenflockenblume	103, 163, 245
Wiesenfuchsschwanz	100
Wiesenglockenblume	158
Wiesenkerbel	19
Wiesenknopf, Großer	180
Wiesenpippau	128
Wiesenplatterbse	244
Wiesenraute, Akeleiblättrige	114
Wiesensalbei	151
Wiesenschaumkraut	13
Wiesenstorchschnabel	207
Windröschen, Hahnenfußblättriges	30
Wintergrün	226
Winterlinde	112
Winterling	3
Winterthymian	259
Wolfseisenhut	286
Zaunwinde	291
Ziest, Gemeiner	256
Zwergholunder	229
Zypressenwolfsmilch	168

„Versteh doch die Sprache der Pflanzen,
gerade die Verachtetsten,
die am meisten Zertretenen,
haben häufig die schönsten Kräfte in sich verborgen."

Sebastian Kneipp

Versteh doch die Sprache der Pflanzen!

Für unsere Vorfahren waren lange Zeit Kräuter, tierische Produkte und Mineralien die einzig bekannten Heil- und Arzneimittel. Die uns heute bekannten Heilpflanzen haben ihren Ursprung in den Werken antiker Ärzte wie Hippokrates (5. Jhd. v. Chr.), Dioscurides (1. Jhd.) oder Galen (2. Jhd.). Erweitert wurden diese Kenntnisse durch die Entdeckungen arabischer Ärzte. Im Mittelalter kamen durch die Klostermedizin vor allem der Benediktiner und durch berühmte Heilkundige wie Hildegard von Bingen (12. Jhd.) oder Paracelsus (16. Jhd.) die Pflanzen der deutschen Flora hinzu.

Aufgrund der erstaunlichen und segensreichen Erfolge der Naturwissenschaften, insbesondere der Medizin und der Chemie, verloren die Heilpflanzen im letzten Jahrhundert an Bedeutung. Sehr eindrucksvoll und überzeugend konnte man plötzlich mit synthetischen Mitteln schreckliche Seuchen und bis dahin unbekannte Krankheitserreger beherrschen und eindämmen.

Ausgelöst durch unsere modernen, „streßigen" Lebensbedingungen, eine von vielen als immer bedrohlicher empfundene Technisierung und Entmenschlichung, durch zunehmende Umweltbedrohung und zum Teil unseriöse Berichterstattung über Neben- und Wechselwirkungen chemischer Arzneimittel, erleben wir heute eine volksmedizinische Nostalgiewelle, die alle Bereiche der Naturheilweisen erfaßt.

Als großer und bedeutender Wiederentdecker und Erneuerer der Heilkräuter gilt Sebastian Kneipp (1821–1897). Er preist seinen „Naturschatz" mit folgenden Worten und läßt die alten und bewährten Pflanzen wieder zu neuer Ehre gelangen:

„Der Herrgott ließ die Kräuter der Erde nicht umsonst wachsen. Er wollte, daß man sie gebrauchen lernt und damit die Übel- und Krankheiten in unserem Dasein verhindert, lindert und heilt."

In seinem Buch „Meine Wasserkur" (1896) befindet sich ein Kapitel „Apotheke". Nach dem Satz: **„Jedes Kräutchen der Erde preise den Herrn"** beschreibt Kneipp über sechzig Heilkräuter, tierische und mineralische Mittel in ihrer Zubereitung, Wirkung und Anwendung. Er erforschte die Volksmedizin, erprobte die so gewonnenen Kenntnisse und gab Bewährtes an Patienten weiter. Neben Kamille und Pfefferminze, Fenchel und Spitzwegerich finden wir bereits damals

Aloe aus Afrika, die in Ägypten und Indien heimischen Sennesblätter oder den China-Rhabarber. Die Offenheit Kneipps gegenüber neuen Erkenntnissen bezeugt sein Ausspruch:

„Mit jedem Schritt und Tritt, welchen wir in der Natur machen, begegnen wir immer neuen Pflanzen, die für uns höchst nützlich und heilbringend sind."

Wie hoch Sebastian Kneipp, der ja durch das heilende Selbsterlebnis zunächst hauptsächlich Wasseranwendungen verabreichte und so als „Wasserdoktor" bekannt wurde, den Wert der Heilkräuter im Rahmen der Ganzheitstherapie schätzte, betont sein Ausspruch:

„Ich habe viele Jahre hindurch zum größten Teil mit Kräutern und weniger mit Wasser kuriert und dabei die schönsten Erfolge erzielt."

Bedeutsam für die Kneippsche Pflanzenheilkunde war 1891 die Begegnung des Priesterarztes mit dem Würzburger Engel-Apotheker Leonhard Oberhäußer. Verbunden durch die Liebe zu den Heilpflanzen und die Kenntnis um deren Wirkungen, entwickelten beide zusammen einen Schatz an Heilmitteln und Gesundheitsmitteln. Dieser schöpfte sich aus der Flora in und um Wörishofen und wird heute in dritter Apothekergeneration von Senator h. c. Luitpold Leusser verantwortungsvoll gepflegt und dem Wissensstand der modernen medizinischen und naturwissenschaftlichen Forschung angepaßt.

Phytotherapie und Volksmedizin

Die Pflanzenheilkunde (Phytotherapie) unterscheidet sich von der volksmedizinischen Kräuterheilkunde dadurch, daß sie sich nicht mit der unkritischen Weitergabe überkommener Heilanzeigen und Anwendungen begnügt, sondern bestrebt ist, die Indikationsansprüche durch kontrollierte Studien abzusichern. Sie wurde 1976 durch das Arzneimittelgesetz als besondere Therapieform anerkannt. Beobachtung, Erfahrung und Wissen sind die Stufen, die von der historischen Anwendung zur wissenschaftlichen Absicherung führen.

Wenn's stürmt und schneit

(Heilkräuter bei Husten, Schnupfen, Heiserkeit)

Die Symptome einer Erkältung lassen sich mit den verschiedensten Heilkräutern sehr gut lindern. Während bei allopathischen, synthetischen Medikamenten immer mehr sogenannten Monopräparate mit nur einem Wirkstoffe bevorzugt werden, um deren Wirkung überschauen zu können und um Neben- und Wechselwirkungen zu vermeiden, schätzen wir gerade beim Heilkraut die milde Wirkung aller Inhaltsstoffe. Erst der Gesamtextrakt der Kamille macht deren wohltuende heilende Wirkung aus, nicht die Summe der Wirkung ihrer Einzelsubstanzen vom Azulon über die Flavone bis hin zu Mineral- und Schleimstoffen.

Daneben ist es auch durchaus sinnvoll, eine Reihe von Heilkräutern mit ihren verschiedenen ergänzenden Wirkungen zu einer Tee- oder Tropfenmischung zu kombinieren, wie ich es am Beispiel eines Husten- und Bronchialtees zeigen möchte. Das ätherische Öl der **Fenchelfrüchte** (67) wirkt mit seinen Terpenen 13mal stärker keimtötend, die des **Thymiankrautes** (259) 25mal stärker als das Desinfektionsmittel Phenol. **Anisfrüchte** lösen die Hustenkrämpfe und **Spitzwegerichkraut** (34) läßt durch seine Schleimstoffe und Kieselsäure die Schleimhäute abschwellen und lindert die Entzündung. Der Husten wird nicht mehr als so quälend empfunden. Wie die **Schlüsselblume** (6) regt es den zur Reinigung der Atemwege so wichtigen Hustenreiz an.

Damit der dickflüssige Sekretschleim „nach oben kommt" und abgehustet werden kann, muß er mit schleimhaltigen Drogen wie **Königskerzenblüten** (247) (Wollblumen), **Malvenblüten** (84) oder **Eibischwurzeln** (265) „verdünnt" werden. Aus diesem Grund ist es auch wichtig, bei einer Erkältung viel zu trinken. Durch die oberflächenspannungssenkenden Inhaltsstoffe der **Süßholzwurzel** wird der zähe Schleim dünnflüssiger.

Die Gesamtheit all dieser Teedrogen aktiviert noch die Schlagbewegung der Flimmerhaare in der Luftröhre, die so den Schleim nach oben treiben und hinausbefördern. Zusammen mit der wohltuenden Wärme eines Hustentees unterstützt eine sinnvolle Kombination den Schutzreflex „Husten" unseres Körpers.

Man sollte den Hustenreflex möglichst nur nachts blockieren, um Schlafstörungen zu vermeiden. Das hierzu oft vom Arzt verordnete Codein ist übrigens auch ein stark wirksamer pflanzlicher Wirkstoff. Er wird aus dem getrockneten Milchsaft der angeritzten, unreifen Kapseln des **Schlafmohns** (288) gewonnen.

Hustenbonbons und Lutschpastillen enthalten neben Zucker und Honig und ätherischen Ölen (Eucalyptus, Anis, Fenchel, Thymian) lösliche Pflanzengummis, -schleime und Glycerin. Sie überziehen die Bronchialschleimhaut mit einem Film, halten diese feucht, und regen durch den Lutschvorgang die Speichelproduktion an. Besonders eignen sich hierfür die schleimhaltigen Flechten wie **Isländisch Moos** und **Irländisch Moos** mit ihren antibakteriellen Flechtensäuren.

Krampfartiger Keuchhusten wird am besten gelindert durch eine Mischung von Thymianextrakt mit einem geringen Zusatz **Sonnentau-** oder **Efeu**-Extrakt.

Gerade bei Erkältungskrankheiten spielt die äußerliche Anwendung von Heilkräutern eine ganz wichtige Rolle. Neben Schwitz- und Fußbädern haben sich Bronchialbalsame zum Einreiben der Brust bewährt. Die ätherischen Öle aus Pfefferminz, Eucalyptus, Latschenkiefer und Thymian werden so nicht nur ständig inhaliert, sondern sie stärken auch die lokale Durchblutung und fördern die Flüssigkeitsproduktion der Bronchien. Säuglinge und Kleinkinder dürfen nicht mit mentholhaltigen Erkältungsbalsamen behandelt werden, da diese bereits beim Einatmen schädigend wirken. Ein erbsengroßes Stück in siedendem Wasser gelöst eignet sich ebensogut zu Inhalationen wie die entgiftenden, entzündungshemmenden Wirkstoffe der Kamillenblüten oder deren alkoholischer Extrakt.

Bei Atemwegserkrankungen allgemein, ganz besonders aber bei Schnupfen sollte im Raum für eine hohe Luftfeuchtigkeit gesorgt werden. Dies erreicht man durch Aufhängen feuchter Tücher (z. B. im Kinderzimmer), Wasserverdunster an Heizkörpern oder elektrisch betriebene Luftbefeuchter. Achten Sie aber bei diesen streng auf hygienische Handhabung und wechseln Sie täglich das Wasser. Setzen Sie dem verdampfenden Wasser möglichst ein paar Tropfen Thymian-, Minz- oder Latschenkiefernöl zu. Das riecht nicht nur gut, sondern desinfiziert auch.

Drei- bis viermal pro Jahr leidet jeder Erwachsene, statistisch gesehen, an Schnupfen, Kinder sogar bis zu zwölfmal. Meist ist es der virale Erkältungsschnupfen. Bei chronischen Erkrankungen der Atemwege sollte man stets auch allergische Ursachen mitbedenken. Normalerweise befinden sich die verschiedenen, natürlich im Mund und Rachenraum vorkommenden Keime im Gleichgewicht. Der erwachsene Mensch atmet pro Tag etwa 6000 Liter Luft ein und damit gleichzeitig eine große Menge von Staub, Rauch, Schadstoffen und Mikroorganismen. Diese können das Gleichgewicht stören. Halsschmerzen, Heiserkeit und Schluckbeschwerden sind die Folge.

Heilpflanzen können in Form von Gurgelmitteln, Spüllösungen, Lutschtabletten oder Inhalationen helfen. Mittel der Wahl als Gurgel- und Spülmittel sind neben Extrakten aus Kamillenblüten und Thymiankraut die Blätter einer unserer ältesten aus dem Mittelmeerraum stammenden Heilpflanze, des **Salbeis** (118).

„Wer ein Gärtchen zu Hause hat, wird, wenn er es neu anlegt, den Salbeistock nicht vergessen; er ist eine hübsche Zierpflanze. Oft hab ich gesehen, daß Vorrübergehende ein Blatt nahmen und damit die schwarzen Zähne rieben. Dies besagt, daß Salbei reinigende Kraft besitzt", berichtet schon Sebastian Kneipp.

Gerbstoff, Bitterstoffe, vor allem aber das ätherische Öl mit Cineol, Thujon und Campher wirken entzündungswidrig und bakterientötend. Ausdauerndes Gurgeln mit Salbeitee bekämpft nicht nur eine beginnende Erkältung, sondern hift auch zuverlässig bei belegter Stimme und Schluckbeschwerden. Gurgeln Sie lange und regelmäßig. Als Mundspülung tötet Salbeitee sogar Bakterien aus dem Zahnbelag ab, lindert Prothesendruckstellen und beseitigt Zahnfleichblutungen, Schwellungen und Entzündungen im Bereich der Mundschleimhaut. In Tropfengemischen und Mundpasten verstärkt man dessen Wirkung noch mit entzündungshemmendem Zimt- und Nelkenöl, Myrrhen- und Ratanhiatinktur, Thymol, Menthol, Kamillenextrakt und erfrischendem Pfefferminz- und Eucalyptusöl.

Innerlich genommen ist Salbeitee in recht großen Dosen das einzig wirksame schweißhemmende Mittel. Allerdings sollte dieser Tee nicht zu stark und zu lange eingenommen werden, da er sonst Magenbeschwerden hervorrufen kann. Bequemer lassen sich die schweißhemmenden Inhaltsstoffe in Form von Fluidextrakt oder Tabletten anwenden.

Wenn zu den genannten Erkältungskrankheiten Fieber hinzukommt und die Symptome nach drei Tagen noch nicht abgeklungen sind, ist der Arzt aufzusuchen. Gerade bei Kindern ist bei fiebrigen Halsentzündungen auch stets an eine Scharlachinfektion oder an „eitrige Mandeln" zu denken, die zur Vermeidung chronischer Schäden mit geeigneten Medikamenten behandelt werden müssen.

Wenn die Grippewelle anrollt!

(Heilkräuter zur Stärkung der Abwehrkräfte)

Die im Laufe unseres Lebens durch natürlichen Kontakt oder Impfungen erworbene Fähigkeit unseres Körpers, spezifische Krankheitserreger gezielt abwehren zu können, nennt man Immunität. Da Grippeviren keine dauerhafte Immunität erzeugen, treten immer wieder Grippewellen auf. Abschwächen lassen diese sich in ihrer Ausbreitung und ihrem Schweregrad der Erkrankung durch Grippeschutzimpfungen. In den allermeisten Fällen ist allerdings eine sogenannte „Grippe" nicht von Influenzaviren ausgelöst, sondern ein „grippaler Infekt". Etwa 300 verschiedene Viren bewirken Halsschmerzen, Schnupfen, Husten, Fieber und Gliederschmerzen. Sowohl durch chemische als auch durch pflanzliche Mittel lassen sich diese Symptome lindern.

Sehr an Bedeutung gewonnen haben in den letzten Jahren Immunstimulantien. Dies sind meist pflanzliche Mittel, die in der Lage sind, körpereigene, erregerunspezifische Abwehrmaßnahmen zu verstärken.

Gerade die fünf Säulen der Kneipptherapie eignen sich ausgezeichnet zur Stärkung unseres Immunsystems. Abhärtung durch heiß/kalte Wasseranwendungen, Sport und Bewegung an der frischen Luft, Saunagänge, ein gesunder Ernährungszustand sowie eine ausgeglichene Psyche. Pflanzliche Umstimmungsmittel stärken nebenwirkungsfrei den Körper, sich selbst zu helfen.

Während synthetische Immunstimulantien sehr früh nach Ausbruch der Infektion gegeben werden müssen, häufig Fieber erzeugen und schlecht verträglich sind, wird der Einsatz pflanzlicher Immunstimulantien kurzfristig und prophylaktisch empfohlen bei streßbedingter Abwehrschwäche z. B. bei Reisen, vor Operationen, bei Erkältung oder psychischen Belastungen.

Verschiedene Arzneipflanzen zur Reiz- und Umstimmungstherapie werden neben Bitterdrogen (Wermut, Enzian, Tausendgüldenkraut), denen man eine ähnliche tonisierende Wirkung zuschreibt, verwendet.

Bewährt haben sich bei Atemwegs- und Erkältungskrankheiten vor allem Kombinationen aus Extrakten von **Sonnenhut**-Arten (249) (Echinacea purpurea und Echinacea angustifo-
lia), **Lebensbaum** (Thuja occidentalis), **Wildem Indigo** (Baptista tinctoria) und **Wasserhanf**-Arten (Eupatorium cannabis und Eupatorium perfoliata).

Meist als Tropfen, gleich nach Auftreten der ersten Symptome, eingenommen oder in Form von Injektionen verkürzen die genannten pflanzlichen Inhaltsstoffe die Krankheitsdauer und eignen sich auch gut zur Vorbeugung.

Einen allgemein stimulierenden, resistenzsteigernden Effekt schreibt man auch dem roten Farbstoff der **Roten Beete** zu. Allerdings muß man so große Mengen des Pflanzensaftes einnehmen, daß sich Harn und Stuhl rot färben.

In Grippezeiten wird eine optimale Vitamin-C-Versorgung als gewisser Schutz angesehen. Neben dem Genuß von reichlich Vitamin-C-haltigen Früchten (Pampelmusen, Zitronen) und Gemüse (Paprika, Tomaten), die vorteilhafterweise auch die zur besseren Aufnahme in den Körper notwendigen Provitamine enthalten, eignen sich als Tee **Hagebuttenfrüchte** (299). Der rote Anteil dieser Früchte der Hundsrose ist deren fleischig gewordener Fruchtboden. Gerade kalter Hagebuttentee wirkt bei Fieber gut durststillend.

„Am Hundsrosenstrauch pflückt die an ihre Hausapotheke denkende Mutter nicht allein die schönen Rosen, sie sammelt auch mit Fleiß die sogenannten Hagebutten, und zwar nicht allein zu Saucen, sondern auch zu Heilzwecken." Allerdings beschrieb Sebastian Kneipp mehr deren mild entwässernde Wirkung.

Da Hagebutten den Tee kaum rot färben, der Patient dies aber oft erwartet, werden sie gelegentlich mit **Hibiscusblüten** gemischt. Diese manchmal fälschlicherweise als „rote Malvenblüten" bezeichnete erfrischende Droge verbessert Geschmack, Farbe und Vitamingehalt. Ausgezeichnete Vitaminspender sind als Mus oder Saft angewendete **Sanddornfrüchte** (215) und **Schwarze Johannisbeeren** (43), von denen ein Kilogramm immerhin 2 Gramm Vitamin C enthält.

Da Fieber eine natürliche Abwehrreaktion des Körpers ist, sollte es erst dann unterbunden werden, wenn es über 39 °C ansteigt oder Nebenwirkungen drohen, z. B. bei älteren Menschen oder Kindern. Ein bewährtes ableitendes Mittel zur Fieberbersenkung sind kalte Wadenwickel. Aufsteigendes Fieber mit Schüttelfrost kann mit einer Schwitzkur behandelt werden. Nach dem möglichst schnellen Genuß von ein bis zwei Tassen starken und heißen **Holunderblütentees** (157) – in manchen Gegenden auch „Fliedertee" genannt – oder **Lindenblütentees** (112) sollten Sie das Bett aufsuchen. Wenn die Erkältung schon im Körper steckt, empfiehlt sich auch eine Mischung gleicher Teile Holunder-, Linden- und Kamillenblüten, da gerade die Kamillenblüten die Bakterientoxine entgiften und so das Allgemeinbefinden bessern. Holunderblüten heilen besonders entzündete Nasenschleimhäute und Nebenhöhlen.

All diese Tees sollten nicht gekocht werden, sondern nach Übergießen mit siedendem Wasser 10 Minuten ziehen. Sie können zur Geschmacksverbesserung mit Honig gesüßt werden.

Die Schwitzanwendung als Tee läßt sich noch steigern durch ein heißes Fußbad oder durch ein heißes Erkältungsbad (40 °C). Als Badezusätze eignen sich die ätherischen Öle des **Thymians** (259), der **Eucalyptusblätter** oder von **Fichtennadeln** und **Latschenkiefern**. Sie dringen während des Bades nicht nur durch die Haut in den Körper ein und entfalten dort ihre Wirkung, sondern verflüchtigen sich auch mit dem aufsteigenden Wasserdampf des Bades zu einer die Schleimhäute beruhigenden und desinfizierenden Inhalation. Nach 2 bis 3 Minuten steigen Sie direkt in das vorgewärmte Bett, schwitzen ½ Stunde lang, duschen lauwarm und ruhen danach unbedingt aus. Ein stabiler Kreislauf ist für diese Schwitzkur allerdings Voraussetzung.

Wenn's im Kreuz zieht und zwackt

(Heilkräuter gegen Rheuma)

Wenn's im Kreuz zieht und zwackt, dann bezeichnet dies der Volksmund als „Rheuma". Bereits Sebastian Kneipp unterschied aber schon:

„Den einen quält der Schmerz im Kopf, den anderen in den Zehen, Diesen im Arme, Jenen in den Beinen, sie auf dem Rücken, ihm auf der Brust."

Er hatte bereits erkannt, daß es sich hier um einen komplexen Krankheitskreis handelt. Nach eingehender Diagnose unterscheidet der Arzt heute:

- krankhaften Verschleiß und Veränderung im Knorpel- und Knochenbereich der Gelenke (Arthrose),
- Mangel an Gelenkschmiere und anschließende schmerzhafte Entzündung (Arthritis),
- Stoffwechselstörungen in den Gelenken (Polyarthrose),
- Ansammlung von Harnsäure in Form von Knoten im Körper und in den Gelenken (Gicht),
- Entzündung und Wucherung der Gelenke (Gelenkrheumatismus) oder der Muskeln, Sehnen und Gewebe (Weichteilrheumatismus),
- Verschleiß der Bandscheiben mit Muskelverspannung und schmerzhaftem Einklemmen von Nerven (Ischialgie) bis hin zum Bandscheibenvorfall,
- Entkalkung der Knochen (Osteoporose).

All diesen Krankheitsbildern gemeinsam ist der Schmerz. Rheuma ist eine Volkskrankheit geworden, an der jeder dritte Bundesbürger heute leidet. Ausgelöst werden können diese rheumatischen Krankheitsbilder durch Vererbung, Infektionen und Entzündungen, mangelnde oder falsche Bewegung, falsche Ernährung und Verschleißerscheinungen. Bei der Behandlung der etwa 400 verschiedenen schmerzhaften Erkrankungen der Gelenke oder Muskeln müssen als Basistherapie starkwirksame „Antirheumatika" eingesetzt werden, die entzündungshemmend (antiphlogistisch) und schmerzstillend (analgetisch) wirken. In besonders schweren Fällen sind sogar Antibiotika oder Cortison notwendig und unbedingt vom Patienten einzunehmen, um die Grunderkrankung in den Griff zu bekommen. Aufgabe von pflanzlichen Heilmitteln ist es, neben Ernährungsumstellung und gymnastischem Training, den Teufelskreis „Schmerz – Bewegungsarmut mit Mangeldurchblutung – Verspannung und Verkrampfung mit erneutem Schmerz" zu durchbrechen, die Abwehrlage zu verbessern und eventuell stark wirksame Medikamente einzusparen.

Die Muskeln sollen besser durchblutet und entspannt werden, der gestörte Wärmehaushalt reguliert und der Stoffwechsel angeregt werden. Wenn auch bei der unterstützenden Rheumabehandlung die äußerliche Anwendung von Heilpflanzen im Vordergrund steht, so gibt es doch einige Arzneidrogen für Rheumatees, die in dem genannten Sinne wirken. Zunächst sollte ein derartiger Tee die entschlackenden, entwässernden, ausschwemmenden Löwenzahnwurzeln mit Kraut, Birkenblätter, Brennessel- oder Schachtelhalmkraut enthalten.

Löwenzahn (55) regt die gesamte Zelltätigkeit an, beeinflußt das Bindegewebe günstig und fördert die Durchblutung. Gerade chronisch leidende Arthrosepatienten berichten von spürbarer Besserung nach einer jeweils sechswöchigen Löwenzahntee- oder Pflanzensaft-Kur im Frühjahr oder Herbst.

Birkenblätter (294) schwemmen aus, ohne die Nieren zu belasten, was vor allem bei Gichtpatienten neben einer streng harnsäurearmen Diät und Alkoholverbot gut lindernd wirkt. Zur Behandlung des akuten Gichtanfalls ist heute immer noch die **Herbstzeitlose** (296) mit ihrem Alkaloid Colchicin, richtig dosiert, ein souveränes Mittel. Dieses stark wirksame Präparat gehört allerdings unbedingt in die Hand des Arztes. Eine ähnliche Anregung des Stoffwechsels wie Birkenblätter bewirkt **Brennesselkraut** (120).

Schachtelhalmkraut (86) eignet sich mit seinen bindegewebestärkenden Kieselsäuren als Bereicherung von Rheumatees. Die harntreibende Wirkung ist eher gering.

Gut wirksam sind bei rheumatischen Beschwerden die **Wacholderbeeren** (15) oder deren Extrakt bzw. Dragees. Deren ätherisches Öl mit α- und β-Pimen ähnelt dem Terpentinöl und hat harntreibende und antiseptische Eigenschaften. Problematisch sind aber nicht auszuschließende Nierenreizungen bei innerlichem Dauergebrauch.

Ein klassisches Beispiel, wie der Mensch von der Natur sich Heilmittel abgeschaut hat, ist der Hauptinhaltsstoff der **Wei-**

denrinde, die Salicylsäure. Diese ist Modell und Vorläufer des Aspirins (Acetylsalicylsäure). Weidenrinde wird bereits seit der Antike als Schmerz- und Fiebermittel verwendet. Den ebenfalls reichlich vorhandenen natürlichen Gerbsäuren schreibt man einen schützenden Effekt vor Schleimhautreizungen zu. Die mittelstarke Heildroge Weidenrinde setzt ihre Inhaltsstoffe nur allmählich frei. Sie eignet sich daher mehr bei rheumatischen und Erkältungskrankheiten als bei starken Schmerzen.

Eine weitere Pflanzendroge enthält Salicylsäureverbindungen: die Spierblumen. Dies sind die gerebelten Blüten von **Mädesüß** (64). Das ätherische Öl enthält Salicylaldehyd und kaugummiartig riechenden Salicylsäuremethylester. Letzterer wirkt durchblutungsfördernd (hyperämisierend) und hautreizend und wird Rheumasalben zugemischt. Die Wirkung kann durch die Scharfstoffe der Paprika- bzw. **Spanischpfeffer**-Früchte (Capsicain) wesentlich verstärkt werden. Diese Wirkstoffe erregen, auf die Haut aufgebracht, die Wärme- und Schmerzrezeptoren und lösen so eine lokal verstärkte Durchblutung aus. Diese äußerlich durch Pflaster, Salben oder Linimente erreichte Wirkung kann noch durch ätherische Öle (Kampfer, Latschenkiefer, Menthol) verstärkt und abgerundet werden. Beliebt sind auch Rheumapflaster, und zwar vor allem beim „Hexenschuß", nach einer falschen Bewegung der durch Zugluft unterkühlten Muskelpartie des Rückens. Diese Pflaster wärmen, durchbluten und entkrampfen. Zusätzlich stützen sie aber und bewahren oft vor einer falschen Bewegung mit erneutem „Schuß". Neben durchblutungsförderndem Spanischpfefferextrakt und entkrampfendem Belladonna-Extrakt enthalten sie oft die Wirkstoffe der **Arnika** (227).

Der Rheumapatient schätzt die äußerliche Behandlung; sie erscheint überschaubarer, nebenwirkungsfreier und beinhaltet beim Einreiben eine gewisse Zuwendung. Eindrucksvoll und überzeugend ist oft auch eine spontane Linderung der Leiden. Zwei Grundsätze sollte man bei der äußerlichen Anwendung aber unbedingt kennen und beachten:

- Akut entzündliche, nervenbeteiligte Beschwerden (Arthritis, Sportverletzungen, Verstauchungen, Zerrungen) stets kalt behandeln mit Lehm- oder Quarkwickeln, Kühlkompressen, Kältesprays, Minzölen, Franzbranntwein oder kaltem Wasser, allerdings nie auf kalte Haut.
- Chronisch degenerative Beschwerden (Arthrose, Weichteilrheumatismus) warm behandeln (Bäder, Einreibungen, Salben, warme Auflagen und Wickel, Heublumensäcke, Fango-, Moor-, Paraffin- oder Kartoffelpackungen).

Rheumabäder sollten möglichst warm und nicht länger als 10 bis 15 Minuten genommen werden. Als Badezusätze eignen sich Wacholder-, Fichtennadel- und Latschenkieferöl, Moorlauge oder Heublumenextrakt.

Mit dem Begriff „**Heublumen**" (221–223) fällt das Stichwort für eine der bekanntesten Wärmeanwendungen der Kneipp-Kur, den Heublumensack. Die Anwendungsform „**Heusack**" besteht aus verschieden großen Leinensäckchen, die mit Heublumen (Flores graminis) gefüllt sind. Bequem anwenden lassen sich zu Hause gebrauchsfertig vorgefertigte Einmalheupacks, bei denen, nach dem Muster eines großen Teebeutels, ein Vliesbeutel locker mit Heublumen gefüllt ist.

Pfarrer Kneipp gebrauchte die Heublumen nur als Badezusatz. Der Heusack oder Heupack wird am besten 30 Minuten lang gedämpft (z. B. im Einmachtopf) oder, weniger ideal, im heißen Wasser gekocht. Dann wird er mit etwa 40 °C auf die zu behandelnde Körperpartie (Rücken, Schulter, Knie) aufgebracht. Vorsicht vor Verbrennungen beim gekochten Heusack! Der Patient wird noch mit einem Tuch bedeckt. Nach etwa 40 Minuten, wenn der Heusack auf Körpertemperatur abgekühlt ist, wird er wieder abgenommen, und der Patient ruht dann noch wohlig entspannt. Heublumensäcke werden wegen ihrer zweifachen Wirkung sehr geschätzt:

1. Im Gegensatz zu anderen Wärmeanwendungen (Heizkissen, Wärmflasche, Fango, Tonlehm) überträgt er keine kompakte, sondern eine sanfte, feuchte Wärme mild und kontinuierlich. Er hilft so ausgezeichnet bei rheumatischen Schmerzen und Koliken.

2. Die Inhaltsstoffe (ätherische Öle und Cumarine) wirken direkt auf der Haut durchblutungsfördernd, schmerzlindernd und entkrampfend. Über die Atmung beruhigen sie und entspannen.

Mit den genannten natürlichen Mitteln kann man die auch heute noch immer nicht ideale Rheumatherapie unterstützen und so diese weitverbreitete Volkskrankheit lindern nach dem Motto von Sebastian Kneipp, der die Wirkung seiner Heublumenbäder pries:

„Bei mir zu Hause geht mancher Wassermann, von solchem Heublumenduft umschwängert, Dorf auf und ab. Das kaffeebraune Wasser öffnet die Poren und löst Anstauungen im Körper auf."

Neuer Saft und neue Kraft
Die Frühjahrs-, Herbst-, Wochenendkur zu Hause
(Entwässerung und Blutreinigung)

Uralt ist die Tradition der Frühjahrskuren, gedanklich oft verbunden mit der Fastenzeit. Der Mensch möchte seinen, nach dem langen Winter müden und geschwächten Körper entschlacken, Giftstoffe ausschwemmen, Krankheiten vorbeugen und die Widerstandskraft erhöhen. Er hat sich im Winter zu wenig bewegt, zu viel gegessen und getrunken und will nicht nur Gewicht reduzieren, sondern fit ins Frühjahr und den Sommer starten.

Aus der Sicht der Heilkräuter sind hierfür unterstützende ausschwemmende Pflanzensäfte und sogenannte „blutreinigende" Tees durchaus geeignet. Weil es sich bei deren Anwendung nicht um einen „Blutaustausch" oder ein Herausfiltern der Schadstoffe, sondern um ein Entschlacken mit harntreibenden Pflanzen handelt, versucht man heute, diesen traditionellen Begriff der Volksheilkunde auszulöschen. Dies wird kaum gelingen, denn im Zeitalter der meist ausländischen, prägnant kurzen Fachausdrücke sehnt sich der heutige Mensch wieder nach bildhaften, anschaulichen Begriffen. Lesen wir doch nach bei Sebastian Kneipp, der bei der Beschreibung der Wirkung des **Holunderbaumes** (157) schon sehr deutlich den Begriff der Blutreinigung definierte: **„Dieser einfachste Blutreinigungstee säubert die Maschine des menschlichen Körpers in vortrefflicher Weise (harntreibende Wirkung!) und ersetzt armen Leuten die Pillen und Alpenkräuter u. a., die in feinen Schachteln und Schächtelchen heutzutage die Runde machen und oft ganz sonderbare Wirkung tun."**

Achten Sie aber darauf, daß „Blutreinigungsmittel" nur entwässernde und keine abführenden Drogen enthalten, Sie gewöhnen sich sonst unbewußt an ein Laxans. Dieser Nebenwirkung sind sich oft viele Benutzer der sogenannten Schwedenbitter und -kräuter nicht bewußt.

Ein sinnvoll zusammengestellter Tee oder ein gut gewählter Pflanzensaft kann durchaus die Wünsche erfüllen, die wir von einer „reinigenden" Kur erwarten:

Entwässerung mit Löwenzahn, Birke oder Brennessel, Anregung der Verdauungssäfte mit bitterem Tausendgüldenkraut, Enzianwurzel oder Wermut, Entkrampfung des Magens und Darmbereiches mit Kamille, Pfefferminz, Kümmel oder Fenchel, dazu die belebenden Vitamindrogen Hibiscus und Hagebutte.

Warum bauen Sie diese Kräuterkur nicht weiter aus?

Eingebaut in sinnvolle, milde Kneippanwendungen, bringen Sie sich sportlich in Schwung. Statt des gewohnten Bieres trinken Sie entschlackende, belebende Tees. Der Aperitif vor dem Essen ist ein vitaminhaltiger Pflanzensaft-Cocktail. Die reduzierten Mahlzeiten sind vollwertig und gewürzig. Vielleicht gelingt Ihnen sogar teilweise die biorhythmische Umstellung von der Eule zur Lerche und Sie greifen nach einem entspannenden Melissen- oder Lavendelbad zu dem Buch, das Sie schon immer mal in Ruhe lesen wollten. Nicht nur Damen sollten während dieser „Kurtage" Haut und Haare pflegen und verwöhnen. Nach einigen dieser häuslichen Kurtage fühlen Sie sich wie „neu geboren" und stellen fest, daß Sie sich daran eigentlich gewöhnen könnten. Warum retten Sie nicht zumindest einen Teil mit hinüber in Ihren Alltag?

Doch noch einmal zurück zur entwässernden Blutreinigung. Die Anwendung einer der am wirksamsten entwässernden Droge empfahl bereits Sebastian Kneipp, die Kur mit den **Wacholderbeeren** (300): **„Den ersten Tag sollten Sie mit vier Beeren beginnen, den zweiten Tag mit fünf fortfahren, den dritten Tag sollten Sie sechs, den vierten sieben Beeren kauen und so mit Tagen und Beeren bis auf zwölf (Tage) und fünfzehn (Beeren) auf- und dann wieder auf fünf Beeren heruntersteigen, beim Absteigen jeden Tag eine Beere auslassend."** Diese Einnahmeempfehlung für Wacholderbeeren, die botanisch eigenartig aus drei zu einer kugeligen Scheinbeere verwachsenen fleischigen Fruchtblättern besteht, entspricht den heutigen Erkenntnissen. Die zuverlässig wassertreibenden Wacholderbeeren enthalten nierenreizende Bestandteile. Sie sollten daher nicht bei Nierenschäden und nicht länger als sechs Wochen lang eingenommen werden.

Ähnlich wirksam sind noch Früchte, Wurzel und Kraut der aus dem Mittelmeerraum zu uns gekommenen **Petersilie**. Deren zuverlässig wassertreibende Wirkung läßt sich am bequemsten in Form von Frischpflanzensaft oder Pflanzendragees (3mal täglich 1) erfahren.

Abschließend sei noch bemerkt, daß eine Tee- oder Pflanzensaftkur im Frühjahr oder Herbst eigentlich nur dann sinnvoll ist, wenn sie über einen längeren Zeitraum durchgehalten wird. Die Natur verlangt Geduld.

Mir liegt etwas im Magen
(Akute Magenbeschwerden)

Sie haben etwas Falsches gegessen oder zu kalt getrunken, Ihr Magen rebelliert und meldet sich mit Übelkeit, Brechreiz, Druckgefühl und leichten Krämpfen. Man fühlt den berüchtigten „Stein im Magen".

Wohl jeder von uns hat dann schon einmal den „verdorbenen" Magen mit einer Tasse Kamillen- oder Pfefferminztee ins Lot gebracht. Nicht umsonst sind diese Heilkräuter in jeder Hausapotheke zu finden. Gerade bei Magenbeschwerden sollte allerdings nicht der Gang zum Hausarzt versäumt werden zum Erforschen der tieferen Ursache. Dahinter kann sich ein Magengeschwür verbergen.

Allerdings sind gerade diese Beschwerden der Verdauungsorgane eine Domäne der Heilkräuter. Neben diätetischen Maßnahmen und Änderung der Konsumgewohnheiten – weniger Zucker, Alkohol, Rauchen, Streß, mehr Ruhepausen und Ballaststoffe – bringen sie eine wesentliche Besserung der Beschwerden. Bei akuten Magenbeschwerden hilft oft schon allein die Therapie in Form von Tees, einfachen Tinkturen, Pflanzensäften oder -dragees. Drei Arzneipflanzen haben sich dabei besonders bewährt: Kamille – Pfefferminze – Melisse.

Kamille (105) ist ein ausgezeichnetes Beispiel dafür, daß das Ganze mehr ist als die Summe seiner Teile. Erst der gesamte Wirkstoffkomplex des ätherischen Öles der getrockneten Blütchen mit Chamazulen, Matricin oder Bisabolol ergibt den vollen „Kamilleneffekt". Die wasserlöslichen Flavonoide lassen Tee und Inhalationen ausgezeichnet entzündungshemmend und krampflösend wirken. Man konnte eine beachtliche Hemmwirkung auf Bakterien und Pilze nachweisen. Wichtig ist aber stets eine lange – zwei Wochen bis mehrere Monate – kurmäßige und konsequente Anwendung in genügend hoher Konzentration. Bei Magenschleimhautentzündungen hat sich die Anwendung in Form einer Rollkur mit starkem Kamillentee oder -konzentrat bewährt.

Bei Darmkrämpfen kombiniert man gerne entzündungshemmenden, krampflösenden Kamillentee mit Milchzucker zur Umstimmung des Darmmilieus und zur Wiederherstellung der Darmflora.

Angeblich durch Kamille ausgelöste Allergien waren meist auf Verwechslungen mit Römischer Kamille oder Hundskamille zurückzuführen. Im Vergleich zur Häufigkeit ihrer Anwendung – beliebt sind ja auch Kamillenzusätze in Salben, Bädern oder Seifen – spielt Kamille als Allergen eine unbedeutende Rolle.

Die **Pfefferminze** (257), eine der ältesten Heilpflanzen, steht der Kamille an Beliebtheit kaum nach. Kneipp zählte die Minze **„zu den Hauptmitteln, welche den Magen stärken und die Verdauung befördern. Schon der würzige Geruch zeigt an, daß dieses Kräutchen bezüglich seiner Heilkraft einen vornehmen Platz einnehmen müsse."** Pfefferminze sollte vor allem dann angewendet werden, wenn Übelkeit und Brechreiz im Vordergrund stehen, bei Gallebeschwerden und bei Gärungszuständen des Darmes. Sie wirkt weniger entzündungshemmend als vielmehr krampflösend, leicht schmerzstillend, blähungstreibend und mild desinfizierend auf Zersetzungsprodukte des Mageninhaltes. Vor allem das Minzöl fördert die Entleerung der Gallenblase und erhöht die Produktion an Gallenflüssigkeit.

Äußerlich wirkt Minzöl kühlend und schmerzlindernd, was seine Beliebtheit in Sportsprays, Migräneeinreibungen und -stiften und die lindernde Wirkung beim Einreiben schmerzender Gelenke erklärt.

Da **Melisse** (242), innerlich als Tee, Saft oder Dragees, äußerlich als lauwarmes Bad angewendet, schon in niedriger Dosierung beruhigend und entspannend wirkt, eignet sie sich vor allem bei nervösen Magenbeschwerden. Gerne benutzt wird Melissengeist, ein Destillat von Melisse mit anderen Drogen wie Orangenschalen, Ingwer, Nelken und Zimt. Allerdings enthält dieser auch 70 % Alkohol.

Spiritus Melissae comp. des Arzneibuches enthält, ähnlich wie auch Badezusätze, nicht nur das in geringen Mengen in der Melisse vorkommende ätherische Öl, sondern das sehr ähnlich zusammengesetzte Öl des in Ceylon und Japan vorkommenden Zitronellgrases, auch „Nardenkraut" genannt.

Ich habe überhaupt keinen Appetit
(Chronische Magenbeschwerden)

Der Wert der Heilpflanzen bei chronischen Magenbeschwerden liegt darin, daß sie bei Verdauungsschwäche, mangelnder Magensaftproduktion oder „nervösem Magen" mit oder ohne Magenschleimhautentzündung die Beschwerden durch psychovegetative Umstimmung bessern. Dies ist um so wertvoller, als diese Beschwerden oft psychisch bedingt sein können: „Es schlägt sich auf den Magen" oder „Was kränkt, macht krank." Die Beschwerden können aber auch durch Medikamente, durch eine mangelnde Bewegung des Magens bzw. einen zu hohen Druck der Gallenblase ausgelöst sein.

Vor allem zwei pflanzliche Wirkstoffgruppen eignen sich dazu, die Säure- und Verdauungssaftbildung des Magens anzuregen, die entzündete Magenschleimhaut zu schützen, zu entkrampfen, Blähungen zu beseitigen und allgemein kräftigend zu wirken: Bitterstoffe und Schleimbildner. Manchmal helfen bei einer akuten Gastritis nach zu reichlichem Essen ein bis zwei Fastentage mit dünnem Pfefferminz- oder Schwarztee. Bittere Drogen dienen der Appetitanregung und bessern gleichzeitig das Allgemeinempfinden. Man hat in den letzten Jahren sogar herausgefunden, daß sie wesentlich die Abwehrkräfte erhöhen können. Wissenschaftlich anerkannt ist die reflektorische Anregung der Speicheldrüsen und der Magensaftproduktion. Ein tonisierender Effekt setzt allerdings erst nach längerem, kurmäßigem Gebrauch ein.

Den „verdorbenen Magen" bringt man bei Kindern oft mit Kamillen- oder Pfefferminztee ins Lot, bei Erwachsenen mit sogenannten „Bittertropfen". Als Symptome werden genannt: krampfartiges Bauchweh, Übelkeit mit Erbrechen, gelegentlich auch Durchfall. Wenn die genannten Hausmittel helfen, kann man diese Symptome als harmlos ansehen. Tritt nach einigen Stunden noch keine Linderung ein, so ist der Arzt zu befragen.

Die Bitterstoffe werden gerne in Form von Tees, Tinkturen, Pflanzensäften oder -dragees eingenommen. Beliebt sind auch Weine wie Pepsin-, Kondurango- oder Chinawein. Sie bilden den Übergang zu den Aperitifs.

Ganz wichtig ist, daß Bitterstoffe vor verhältnismäßig kleinen Mahlzeiten eingenommen werden, als Tee immer kalt und ungesüßt. Man unterscheidet tonisch wirksame, aromatische und scharfe Bitterstoffdrogen.

Die tonischen Bitterstoffdrogen sind die eigentlich magenwirksamen. Zu ihnen gehören einheimische Pflanzen, wie **Tausendgüldenkraut** (295), **Enzian** (238) und **Fieberklee** (76).

Kneipp sagte vom Tausendgüldenkraut: **„Der Name lautet auf hohe Summe, die Hilfe spendet das Kräutlein einem Jeden umsonst." Als Wirkung gab er an: „Thee von Tausendgüldenkraut leitet die Magenwinde aus, verdrängt unbrauchbare und ungesunde Säuren, unterstützt und verbessert die Magensäfte, wirkt vorteilhaft auf Nieren und Leber. Es ist das beste Mittel gegen Sodbrennen oder, wie Landleute sagen, gegen das Magensod."**

Das einjährige Kraut dieses Enziangewächses schmeckt noch 1:3500 wäßrig verdünnt bitter (sogenannter Bitterwert). Seine Bitterstoffe steigern nicht nur die Magensaftsekretion, sondern auch die Aktivität des Magens.

Vom **Gelben Enzian** (238) wird arzneilich die Wurzel genutzt. Da diese für die Ernte, nach fünf- bis zehnjährigem Wachstum, ausgegraben wird, ist damit der Standort verloren. Da inzwischen alle Enzianarten unter Naturschutz stehen, baut man Gelben Enzian nun landwirtschaftlich an, um die Art zu erhalten. Wegen des hohen Zuckeranteils der Wurzel kann sie zu Schnaps vergoren werden. Da sie zudem keinen Gerbstoff enthält, kann sie ihre tonische Wirkung voll entfalten, ohne magenreizend oder adstringierend zu wirken.

Kneipp empfiehlt Enzian: **„Auf größeren Reisen, wenn man tagelang schlecht ißt, noch schlechter trinkt und todmüde und halbkrank am Ziel ankommt, leistet ein winziges Fläschchen Enziantinktur, tropfenweise auf Zucker zu Rate gezogen, treffliche, unbezahlbare Dienste. Nimmt man Enziantee – kurz gekocht – vor der Mahlzeit, dient er der Appetitanregung. Nach der Mahlzeit eingenommen, beseitigt er Magendruck und Völlegefühl."**

Wegen ihres hohen Gerbstoffgehaltes sind die Blätter des **Fieberklees** (76) möglichst nur in Teemischungen oder Kombinationspräparaten anzuwenden. Früher beliebte Bitterstoffdrogen wie **China-** oder **Kondurangorinde** werden heute fast nur noch in Form tonischer Weine eingenommen. Die aromatischen Bitterstoffdrogen enthalten neben den eigentlichen Bitterstoffen krampflösende, blähungstreibende und gallenanregende ätherische Öle.

An Teichrändern, Flußufern oder Gräben wächst bei uns wild der **Kalmus,** aus der Familie der Aronstabgewächse. Der als Tee und für tonische Bäder verwendete getrocknete und geschälte Wurzelstock riecht sehr angenehm aromatisch. Das Kauen von Wurzelstückchen soll den Zigarettengenuß stark beeinträchtigen und Knoblauchgeruch neutralisieren. Bei den in europäischen Arten vorkommenden Wirkstoffen steht die Nutzen-Risiko-Abwägung noch aus. Man sollte Kalmuswurzeln daher nur noch kurzfristig innerlich anwenden.

Dagegen wird die Wurzel des auf feuchten Wiesen und im Wald sehr auffälligen Doldenblütlers **Engelwurz** (159) wegen seines würzigen Geschmacks in Magenlikören und Tees sehr geschätzt. Sebastian Kneipp empfahl: „**Man kann mit Recht die Angelika als ein vorzügliches Hausmittel empfehlen, und die Leute sollten alle Jahre auf ihren Wiesen und in ihren Wäldern eine ziemliche Portion für das ganze Jahr sammeln, an der Luft trocknen und an einem trockenen Ort aufbewahren. Wie oft kommt es vor, daß im Magen eine unbehagliche Kälte herrscht, eine Tasse Thee von solchen Wurzeln bringt dem Magen wieder mehr Wärme.“**

Neben diesen heimischen Bitterstoffdrogen werden u. a. **Pomeranzenschalen** in Form von aromatisierenden Tinkturen oder Extrakten in magenstärkenden Tropfenmischungen angewendet.

Die scharfen Bittermittel, wie z. B. **Ingwerwurzel,** eignen sich vor allem bei einem Mangel an Magensäure, werden aber oft von magenempfindlichen Patienten schlecht vertragen.

Während milde Entkrampfung mit Pfefferminze oder Kamille erreicht werden kann, sind bei starken Krämpfen im Magen-Darm-Bereich immer noch die Wirkstoffe der **Tollkirsche** (101) Mittel der ersten Wahl. Sie ist eine klassische, stark wirksame Arzneipflanze, deren Inhaltsstoffe wie Atropin, Papaverin oder Codein den Idealanforderungen an Reinsubstanzen aus einer Heilpflanze entsprechen. Isoliert, standardisiert und in kleinsten Mengen exakt dosiert sind sie in der Hand des Arztes höchst wirksame Arzneistoffe. Da aber bereits einige Beeren dieser Pflanze tödlich wirken können, „die Dosis also das Gift macht“, wie Paracelsus es schon ausdrückte, sei sie im Rahmen der Kneippschen Heilpflanzen nur ihrer Wichtigkeit wegen genannt. Sie eignet sich auf keinen Fall für den Bereich der Selbstmedikation.

„Ich fühle mich aufgeblasen wie ein Luftballon"
Heilkräuter „für die Winde"
(Blähungen, Völlegefühl, Roemhold-Syndrom)

Wohl jeder kennt das: „Ich fühle mich aufgeblasen wie ein Luftballon." Übermäßige Gasansammlung im Oberbauch kann durch ungenügende Aufnahme der durch Gärung im Darm entstehenden Gase bedingt sein oder ihre Ursache in Betriebsstörungen im Gallenwegssystem haben. Wenn durch Krämpfe am Mageneingang oder durch Verkrampfung des Darmes der Gasabgang aus Magen und Darm behindert wird, können kolikartige Schmerzen und Aufstoßen auftreten. Das unangenehme Völlegefühl drückt nicht nur auf das Herz, sondern beeinflußt auch Stimmung, Appetit und Schlaf. Diese Beschwerden können noch verstärkt werden durch Speisen wie Kohl, Hülsenfrüchte oder frisches Brot, die Gase bilden und seine Aufnahme im Darm verhindern.

Es ist oft schwer zu verstehen, warum man gerade dann, wenn man mit gesünderer Ernährung begonnen hat, durch kolikartige Schmerzen und ein Völlegefühl bestraft wird. Angeregt durch Zeitungsartikel, wachgerüttelt vom schlechten Gewissen nach üppigen Festtagen, beschließen Sie, Semmeln, Kuchen, Toast und Weißbrot vom Speisezettel zu streichen. Sie suchen nach vollwertigen Ballaststoffen und gerade in der Kur sind Sie besonders motiviert, auf Ihre Ernährung zu achten. Ihr Kurheim oder Hotel lockt mit einem knackigen Rohkostbuffet, das Vollwertmenue sieht sehr appetitlich aus und schmeckt auch überraschend gut. Nach Genuß von Kneippsemmeln kommt Ihnen der bisher gewohnte Toast ausgesprochen fad vor: doch Ihr Verdauungssystem ist mit dieser extremen Kostumstellung überfordert. Die erste Hilfe ist wohl, es allmählich an die neuen Nahrungsmittel zu gewöhnen.

Bei den genannten Beschwerden helfen ausgezeichnet die Früchte von einigen Doldenblütlern, die man unter dem Begriff „Karminativa" zusammenfaßt. Dies sind vor allem **Kümmel** (40), **Fenchel** (67) und **Anis**, auch **Koriander**. Karminativa enthalten ätherische Öle, die im Magen-Darmtrakt krampflösend, gärungswidrig und verdauungsfördernd

wirken und so den Abgang von Luft aus dem Magen erleichtern. Wir kennen diese wohltuende Wirkung von Fencheltee, der bereits Säuglinge vom „Bauchgrimmen" erlöst.

Auch wenn Fenchel in der Volksmedizin als milchtreibend und für Augenwässer bei ermüdeten Augen angewendet wurde, so steht heute doch seine krampflösende und leicht narkotische Wirkung im Vordergrund. Auch seine positiv geschmackskorrigierende Wirkung wird in Tees, zum Würzen von Brot oder Gebäck und zum Aromatisieren von Likören geschätzt.

Kneipp kannte bereits seine Wirkung: „**Fenchelpulver, wie Gewürz auf Speisen gestreut, vertreibt die Gase aus dem Magen und den unteren Regionen.**" Wesentlich stärker blähungstreibend wirken die reifen Spaltfrüchte des **Kümmels** (40). Sie wirken appetitanregend und fördern die Magensaftsekretion. Kümmel wird nicht nur in Form von Tee oder als Gewürz angewendet, man schätzt auch die „magenstärkende" Wirkung als Likör (Aquavit). Südlich des Mains würzt die kundige Hausfrau blähende Speisen mit Kümmel. Neben der Geschmacksverbesserung verabreicht sie als „Hausapothekerin" unterschwellig gleich das Gegenmittel. Wir erkennen hier gut den fließenden Übergang vom Gewürz zum milden Heilkraut.

Sehr gerne kombiniert man in Tropfenmischungen oder Tabletten Fenchel und Kümmel mit Extrakten oder Kräuterpulvern aus krampflösender Pfefferminze oder verdauungssäfteanregender Enzianwurzel. Zwei Kräutertabletten dieser Kombination, jeweils nach dem Essen eingenommen, bringen spürbare Linderung.

Bei Flaschenkindern kann man sehr gut das Milchpulver mit verdünntem Fencheltee anschütteln. Man kann auch der Flaschenmahlzeit einen Teelöffel „Windsaft" zugeben, ein Gemisch von Anis- und Fenchelöl in Honig. Nicht geeignet ist der in Fenchelhonig getauchte Schnuller, und zwar nicht nur der Zähne wegen, sondern auch um Durchfälle zu vermeiden. Bei Blähungen empfiehlt sich reichlicher Genuß von

Kümmel-, Anis- oder Fencheltee. Auch die früher sehr gebräuchlichen Windsalben (Majoran- oder Kümmelsalbe) sind einen Versuch bei geplagten Säuglingen wert, vielleicht unterstützt von einem nicht zu heißen Heizkissen.

Beim Roemhold-Syndrom, im Volksmund „Herzbauchweh" genannt, empfiehlt sich noch der Zusatz von **Koriander**.

Anisfrüchte sind ein gutes Karminativum, aber ein noch besseres Geschmackskorrigens. Wer kennt nicht wohlschmeckende Anislaibchen oder, als Aperitif, Pernod, Ouzo oder Sambucca.

Zum Schluß noch einige praktische Tips zur Teebereitung dieser Früchte. Sie sollten immer „contus", also frisch angestoßen, verwendet werden, da dann die wirksamen ätherischen Öle aus den aufgebrochenen Öldrüsen besser freigesetzt werden können. Da die ätherischen Öle wasserdampfflüchtig sind, sollten die genannten Teemischungen nicht gekocht werden, sondern mit sprudelndem Wasser übergossen 10 Minuten lang in einem bedeckten Gefäß ziehen. Lassen sie die Kondenstropfen am Deckel in den Tee fließen, da sie viel Wirkstoff enthalten.

Den Darm erziehen und nicht verziehen!

(Mittel gegen Verstopfung und Darmträgheit)

Haben Sie auch Probleme mit dem Stuhlgang oder können Sie befreit sagen: „Ich kann." Bei manchen Beratungsgesprächen glaubt man fast, das höchste Glück liege in einer regelmäßig funktionierenden Verdauung. „Klappt" es nicht von selbst, so meint man, schnell mit einem Abführmittel nachhelfen zu müssen. „Verstopfung" ist entweder tabu oder der Anlaß mehr oder weniger geschmackvoller Späße. Die Mittel sind umstritten und diskutiert. Einerseits sollte man Zurückhaltung üben, andererseits möchte man gerne schnelle Hilfe.

Etwa ein Drittel bis die Hälfte aller Bundesbürger, vor allem Frauen, leiden unter gelegentlicher oder chronischer Verstopfung. Da ist der unkontrollierte, regelmäßige Griff zum Abführmittel leicht. Suchen wir besser nach den Ursachen: Zunächst eines zur Beruhigung: jeder Mensch hat eine individuelle Stuhlfrequenz. Zweimal täglich kann genauso normal sein wie zweimal pro Woche. Trotzdem sehen wir in der weitverbreiteten Verstopfung mit Bauchschmerzen, Völlegefühl und Blähungen eine Zivilisationserkrankung, die viele Ursachen hat:

– unregelmäßige Lebensweise mit psychischem Streß,
– ballaststoffarme, einseitige Kost,
– mangelnde Flüssigkeitszufuhr (vor allem bei älteren Menschen),
– Bewegungsarmut oder sitzende Tätigkeit, die ein Essen zu lange unverdaut im Körper lassen.

Selten sind auch Stoffwechselstörungen wie z. B. Schilddrüsenunterfunktion oder mechanische Hemmnisse im Darm (Darmverschluß, Polypen, schmerzhafte Hämorrhoiden) die Ursache. Hier sollte unbedingt der Arzt zu Rate gezogen werden.

Versuchen Sie, diese ursächlichen Gründe zu verändern, das Leiden bei der Wurzel anzugehen.

Ändern Sie Ihre Eßgewohnheiten: mehr Vollkornbrot, Gemüse, Salate, Obst. Kauen Sie gut und „speicheln" Sie gut ein. Bedenken Sie, daß die Verdauungszeit von Speisen von einer bis zu neun Stunden dauern kann. Werden Sie also nicht nervös, schauen Sie nicht ängstlich „nach innen".

Trinken Sie mindestens 2 Liter pro Tag, kontrollieren Sie die eingenommene Flüssigkeitsmenge, fangen Sie am besten gleich morgens mit einem Glas Wasser oder Fruchtsaft an.

Sorgen Sie für körperliche Bewegung, machen Sie morgens Bauchgymnastik oder Radfahrbewegungen. Verzichten Sie mal auf Ihr Auto.

Gehen Sie stets zur gleichen Zeit auf die Toilette, „erziehen Sie Ihren Darm zur Pünktlichkeit".

Wenn diese Mittel versagen oder nicht angewendet werden können, ist eine Gabe von Abführmitteln in Betracht zu ziehen, z. B. auf Reisen, bei Kurantritt, bei Kostumstellungen, bei besonderen Diätformen, bei Bettlägrigkeit. Mit einer kontrollierten und kurzzeitigen Anwendung kann man die Verdauung „in Schwung bringen". Ausgesprochen indiziert sind Abführmittel vor oder nach Operationen, bei Wurmkuren, zur Vermeidung der „Bauchpresse" nach Herzinfarkt und Bauchoperationen oder bei Patienten mit schmerzhaften Analleiden, die unter Verstopfung doppelt leiden.

Als Abführmittel werden Gleit- oder Quellmittel, Abführsalze, dickdarmreizende Mittel und Ballaststoffe eingesetzt.

Wenn eine akute Stuhlverstopfung behandelt oder der Stuhl vorübergehend breiig gehalten werden soll, so sind pflanzliche Abführtees oder -dragees nach wie vor probate Mittel.

Man kann einen Tee aus Sennesblättern oder -schoten oder auch aus Faulbaumrinde individuell dosieren, und er ist gut verträglich.

Ein bis zwei Gramm Sennesblätter als Kaltwasserauszug führen nach 5 bis 7 Stunden zuverlässig zu einem breiigen Stuhl. Schon die doppelte Menge wirkt zwar schneller und stärker, kann aber auch Koliken, Erbrechen und flüssige Durchfälle bewirken. Im Dauergebrauch und in hohen Dosen können diese Abführdrogen durch Flüssigkeitsverlust und durch die Erzeugung dünnflüssiger Darmentleerungen zu Mineralienverarmung führen. Vor allem Kaliumverlust kann erhebliche Störungen im Herz-Kreislaufbereich hervorrufen, Verlangsamung geistiger und körperlicher Reaktionen und Wirkungsverstärkung von Herzmedikamenten bewirken. Zur kurzfristigen Anwendung sind diese Drogen gut geeignet. Langfristig gilt der Satz: „Pflanzlich ist nicht gleich harmlos." Achten Sie auf die Dosierung, „viel hilft nicht immer viel".

Das pflanzliche **Rizinusöl** (228) – ein Teelöffel nüchtern eingenommen – fördert das wellenförmige Zusammenziehen des Darmes und sorgt so für den Weitertransport. Als fettes Öl ist es nicht bei Gallenleiden geeignet.

Pflanzliche Abführmittel, die mild regulieren, nebenwirkungsfrei sind und daneben auch noch gut schmecken, sind **Pflaumen**, **Feigen** oder **Tamarindenmus**. Sie können ebenso wie **Hibiscusblütentee** oder **Sauerkraut** langfristig angewendet werden und enthalten Fruchtsäuren, Pektine und Ballaststoffe.

Harmlos und wirksam sind Quellmittel, die unter Wasseraufnahme – daher viel trinken – einen voluminösen, unverdaubaren Schleim im Darm bilden. Am beliebtesten ist **Leinsamen** (219), von dem man morgens oder abends 1 bis 2 Eßlöffel, ganz oder besser geschrotet, in Milch oder Müsli einnimmt. Neben viel Flüssigkeit braucht man Geduld, denn Quellmittel wirken meist erst nach 2 bis 3 Tagen. Auch sollte man wissen, daß eine Dosis Leinsamen 200 bis 500 Kalorien zuführt (Leinöl!). Man kann die Linie schonen durch zweistündiges Vorquellen in Wasser.

Besser, besonders reizarm, kalorienfrei und quellfähig (1:15) ist der **Flohsamen** (Psylli Semen), eine Wegerichart, der „Leinsamen Italiens". Sie können ihn offen als ganzen Samen, in Portionsbeuteln oder auch nur die schleimhaltigen Samenschalen kaufen.

Immer mehr an Bedeutung gewinnen bei Verdauungsproblemen Ballaststoffe, die dem Körper in Form von „vollwertiger Nahrung", Weizenkleie (192) oder Hafer (189) Guarmehl, Fruchtfasern – dem „Weißen" der Orangen und Pampelmusen – zugeführt werden. Ballaststoffe sind für das ökologische Gleichgewicht des Darmes wichtig, ja geradezu Phytotherapie. Sie erhöhen das Stuhlgewicht und üben so einen mechanischen Reiz auf den Darm aus. Sie verkürzen die Magen-Darm-Passage und machen den Stuhl weicher. Als oft erwünschter Nebeneffekt dämpfen sie das Hungergefühl. Faserreiche Nahrung scheint sogar in gewissem Ausmaß vor Divertikulose und Darmkrebs zu schützen. Probleme können mangelnde Geduld, regelmäßige Anwendung, viel trinken, Blähungen und Völlegefühl am Anfang machen.

Erfreulicherweise sind Vollwertkost und Müsli „in". In Vergessenheit geratene Getreidesorten, wie der von Sebastian Kneipp so geschätzte schwäbische **Dinkel** (191), werden wieder angebaut. Und auch der berufsgestreßte Kantinenesser kann sich heute bequem mit Fruchtfasertabletten, Müsliriegeln oder Kleietabletten vollwertig versorgen. Für ein großes Problem wächst ein breites Spektrum an Pflanzen,

„Diarrhoestillpillchen"
(Durchfallerkrankungen)

Gerade im Sommer häufen sich manchmal Durchfallerkrankungen. Meist handelt es sich um eine harmlose Virusinfektion, die beim Übergang von heißer zu kälterer Witterung akut wird und oft unabhängig von der Nahrungsaufnahme auftritt.

Während pflanzliche Mittel bei infektiösen Diarrhoen nur unterstützend geeignet sind, lassen sich die leichten Sommerdurchfälle gut mit gerbstoffhaltigen Heilkräutern behandeln. Die **Blut-** oder **Tormentillwurzel** (169) ist rot gefärbt und enthält als gerbstoffreichste heimische Pflanze 15 bis 20 % Gerbstoff. Mehrmals täglich eine Messerspitze des getrockneten Wurzelpulvers oder eine Abkochung stopft ausgezeichnet, vor allem bei Durchfällen mit übelriechendem Stuhl. Leidet der Patient zusätzlich unter Blähungen, so empfiehlt sich der Zusatz von gleicher Menge Kümmel. Die nachgewiesene bakterienhemmende und z. T. auch -abtötende Wirkung führt man auf den roten Farbstoff zurück, der, ähnlich den synthetischen Anilinfarbstoffen, desinfizierend wirkt. Auch dem blauen Farbstoff der **Heidelbeeren** schreibt man eine ähnlich bakteriostatische Wirkung zu. Wichtig ist, daß sich gegen Durchfall nur die getrockneten Früchte (7 % Gerbstoff) eignen. Man kaut über den Tag verteilt mehrere davon. Bei empfindlichen Patienten oder Kindern können Schalen und Fruchtkerne die sowieso schon angegriffene Darmschleimhaut reizen. Reizfreier ist eine ziemlich konzentrierte Abkochung oder ungesüßter Heidelbeersaft. Dieser wirkt besonders stopfend mit Quark. Verwenden Sie aber auf gar keinen Fall die frischen Früchte. Deren Mus wirkt, vor allem mit Milch und Zucker, ausgesprochen abführend. Sebastian Kneipp empfahl: **„Kein Haus sollte sein, das nicht eine gute Portion Heidelbeeren dörrt und fürs Jahr aufbewahrt. Sie sind zu gar vielen nütze."** Und weiter: **„Wer an leichten Diarrhoen leidet, nehme von Zeit zu Zeit einige getrocknete, rohe Heidelbeeren, verkaue und** **schlucke sie. Sehr oft genügt dieses leichteste Mittelchen. Ich sah Badegäste in großen Badestädten, die, um unangenehmen Überraschungen auf dem Spaziergange vorzubeugen, von der erfahrenen und umsichtigen Hausfrau derlei Diarrhoestillpillchen mit auf den Weg bekamen."**

Neben bewährt stopfenden Hausmitteln wie Reisschleim, im Wechsel mit einem frisch geriebenen **Apfel** (Pektin), Bananen oder dunkler Bitterschokolade, zählt bei Durchfällen **schwarzer Tee** zu den geschätzten Heilmitteln. Nehmen Sie möglichst eine dunkle, gerbstoffreiche Sorte (Nordfriesenmischung) und lassen Sie den Aufguß mindestens zehn Minuten lang ziehen. Dieser Tee eignet sich dann auch für Kinder, da der stopfende Gerbstoff gleichzeitig das anregende Thein bindet.

Setzen Sie diesem Tee noch eine Messerspitze Kochsalz, Soda und Traubenzucker zu. Mehrere Tassen davon ersetzen nicht nur den manchmal bedrohlichen Flüssigkeitsverlust, sondern ergänzen auch wieder die durch den dünnflüssigen, häufigen Stuhl verlorenen lebenswichtigen Mineralien. Gerade bei Kindern oder älteren Patienten kann deren Verlust manchmal zu lebensbedrohenden Schwächungen führen. Sehr viel bequemer läßt sich ein geeignetes Teegetränk durch Auflösen fertiger Teetabletten aus der Apotheke bereiten. Diese haben zudem noch den Vorteil, daß sie zusätzlich die wichtigen Mineralien Magnesium und Kalium enthalten. Als bewährte Hausmittel dürfen wir auch nicht Kohle und Heilerde vergessen, die, in genügender Menge eingenommen, Giftstoffe der Bakterien binden und gleichzeitig stopfen. Mit den genannten Mitteln sollten sich nach zwei bis drei Tagen die Beschwerden gebessert haben, sonst ist der Arzt aufzusuchen. Bei Säuglingen und Kleinkindern ist unverzüglich der Hausarzt zu konsultieren.

„Bitter wie Galle"

Gallen- und Leberbeschwerden

Beschwerden der Galle äußern sich meist durch mangelnde Gallenbildung oder durch zu geringe Ausschüttung an Gallenflüssigkeit. Daneben ist die Zahl der Gallensteinträger groß, viele wissen es oft gar nicht. Gallensteine sind oft Ursachen von schmerzhaften Gallenkoliken oder können zu Gallenblasenentzündungen führen. Bei diesen Erkrankungen ist der Gang zum Arzt unerläßlich. Trotzdem haben pflanzliche Mittel ihren festen Platz, und zwar bei funktionellen Störungen oder auch vorbeugend, wenn eine Kolik sich durch Mißbefindlichkeiten ankündigt. Man sollte sich bewußt sein, daß pflanzliche Gallenmittel eine milde, mehr ausgleichende und regulierende Wirkung besitzen, aber keinen starken Soforteffekt.

Bestens bewährt haben sich Wermuttee oder Wermuttropfen. Beim **Wermut** (293) ist es wichtig, den richtigen Erntezeitpunkt zu wissen. Mit dem Vollerblühen steigt der Bitterstoffgehalt (Absinthin) auf das Doppelte.

Den enormen Bitterwert beschrieb schon Sebastian Kneipp: **„Wie ein einziges Körnchen Weihrauch, das auf der Kohle glimmt, ein ganzes Zimmer mit Wohlduft erfüllt, so vermag ein Blättchen Wermuth den Inhalt einer ganzen Spiritusflasche mit bitterem Geschmack anzuhauchen – ein Zeichen, wie stark die Tinktur sein und wirken muß."**

Und er empfiehlt weiter: **„Reisende, die viel von Magenbeschwerden und Übelkeit geplagt werden, sollen ihr Fläschchen mit Wermuttinktur als treuen Begleiter nie vergessen."**

Traurige Berühmtheit erlangte eine Mischung aus Wermutöl und billigem Alkohol – „Absinth" genannte – durch die Darstellung eines Absinthsüchtigen, gemalt von van Gogh. Absinth ist in Deutschland seit 1923 verboten, da das in dem ätherischen Öl enthaltene Thujon, in großen Mengen genossen, schädigend auf das Zentralnervensystem wirken kann. Dieser Absinth darf aber nicht mit appetitanregenden und verdauungsfördernden Wermutweinen und Aperitifs verwechselt werden. Wermut nimmt in der Behandlung des Oberbauches eine Sonderstellung ein, denn er regt die Funktion der Gallenwege und des Magens an und entfaltet daneben noch einen allgemein kräftigenden Effekt durch die Steigerung der Abwehrkräfte.

Kündigt sich eine Kolik an, sollten Sie sofort 30 bis 50 Tropfen Wermuttinktur in sehr warmem Wasser einnehmen oder einen kräftigen Wermuttee so heiß wie möglich trinken. Die Galle wird sich dann beruhigen.

Lindernd und oft verkürzend wirken bei Gallenkoliken auch warme Auflagen mit dem Heublumensack.

Soll ein Tee galleanregend und -treibend wirken, so trinken Sie täglich, über 3 bis 4 Wochen hinweg, je eine Tasse nach dem Essen. Bitte nicht zuckern, da sich Süß und Bitter nicht vertragen.

„Galle-Lebertees" lindern meist erfolgreich Beschwerden, die durch mangelnde Gallenbildung oder -ausschüttung hervorgerufen wurden, wie z. B. gestörte Fettverdauung, leichte Stuhlverstopfung, Druck in der Gallegegend, Völlegefühl und Blähungen. Diese Gemische von Bitterstoffdrogen mit krampflösenden und blähungstreibenden Heilkräutern oder Tinkturengemischen (Bittertropfen) werden sehr gut vertragen und bringen meist baldige Linderung.

Sehr viel weniger bitter schmecken die zerkleinerten Pfahlwurzeln und das Kraut des weit verbreiteten **Löwenzahns** (55). Unsere Nachbarn in Frankreich nutzen die wohltuende Wirkung in Form von Salat. Die angemachten zarten Frühlingsblätter werden dort als anregendes Zwischengericht geschätzt. Die Heilwirkung ist nicht auf die Vitamine zurückzuführen. Neben dem Bitterstoff Taraxacin enthält die Droge enzymatisch wirkende Substanzen, die die Leber- und Nierentätigkeit anregen. Man schreibt den Inhaltsstoffen sogar eine gewisse gallensteinverhindernde Wirkung zu.

Ein bewährtes Mittel gegen Gallenbeschwerden ist **Schwarzrettich**. Der Pflanzensaft verliert beim Stehen seinen scharfen Geschmack und wirkt kräftigend auf die Muskulatur der Gallenwege, so daß die Gallenflüssigkeit besser abfließen kann. Hinzu kommt eine Tonisierung des Darmes und eine Verbesserung der Darmflora. Allerdings sollte man eine Kur nicht zu lange machen. Die vielen von Ihnen nur als Feingemüse aus dem Mittelmeerraum bekannte distelähnliche **Artischocke** enthält einen Bitterstoff (Cynaropikrin) und Cynarin. Letzteres vereinigt in sich Galle- und Leberwirkung. Es regt die Gallensekretion an, wirkt schützend und durchblutungsfördernd auf die Leber und fördert deren Regeneration. Daneben schreibt man dem Artischockensaft (dreimal täglich ein Eßlöffel vor oder zu den Mahlzeiten) eine lipidsenkende Wirkung auf den Fettstoffwechsel zu. Hierdurch läßt sich auch der günstige Einfluß auf die Gallensteinbildung erklären.

Während bei Gallenbeschwerden die pflanzlichen Mittel gegen die wahrnehmbaren Symptome wie Schmerzen, Druck, Übelkeit und Verdauungsbeschwerden wirken, ist bei Empfehlungen „gegen Leberleiden" Vorsicht geboten. In der Selbstmedikation sind Leberleiden nicht zu diagnostizieren. Müdigkeit, Appetitlosigkeit, allergische Reaktionen, Verstopfung treten zwar bei Leberleiden auf, reichen aber nicht zu der Aussage: „Das kommt von der Leber." Sinnvoll kann es nur sein, Heilkräuter vorbeugend, „schützend", oder, bei bekanntem Leberleiden, neben Diät und Alkoholverbot lindernd und unterstützend einzusetzen.

Bei geschwollener Leber hat sich Wärmetherapie in Form von **Heublumensäcken** (221) bewährt, die eine bessere Durchblutung der Leberzellen bewirken. „Kräftigende" Wirkung auf die Leberzellen schreibt man Löwenzahnwurzel, Beifuß, Pfefferminze oder Tausendgüldenkraut zu.

Wissenschaftlich bewiesen ist die „Leberschutzwirkung" eines Wirkstoffes der **Mariendistel** (82), des Silybins. Als altbekannte Heilpflanze aus dem Mittelmeerraum findet man sie noch heute in Klostergärten. Durch die Möglichkeit, ihren Wirkstoff rein darzustellen, wurde sie neu entdeckt.

Silybin, ein Bestandteil des Silymarins, hebt zusammen mit anderen Medikamenten die schädigende Wirkung verschiedener Lebergifte auf. Dies konnte auf spektakuläre Weise nach Genuß des Knollenblätterpilzes bewiesen werden. Daneben vermindert es die Bildung entzündungserregender Stoffe im Gewebe, fördert die Eiweißbiosynthese und beschleunigt so Zellregenerationsprozesse in der Leber. Bei chronischer Hepatitis bessert es deutlich die Magen-Darmbeschwerden, vor allem das Spannungsgefühl im Oberbauch.

Silymarin ist leider nur sehr schwer als Tee in geeigneter Dosierung dem Körper zuzuführen. In Form von Tabletten eignet es sich dagegen, neben Diät, gut unterstützend bei akuter Gelbsucht und Fettleber.

Nicht vergessen dürfen wir das **Schöllkraut** (40), ein Mohngewächs mit gelbem Milchsaft. Unsere Vorfahren glaubten zu Paracelus' Zeiten, aus der Gestalt und Form einer Pflanze deren Wirkung ablesen zu können (Signaturlehre). Der galleähnliche, gelbe Milchsaft müßte also bei Leber-Galle-Beschwerden mit Gelbfärbung der Haut helfen. In diesem Fall hat sich bestätigt, daß die Inhaltsstoffe mild krampflösend und beruhigend auf die Galle wirken. Ein Problem ist allerdings die sinnvolle Dosierung, da Überdosierung zu Magenschmerzen führen kann.

Ein Wort noch zur Bauchspeicheldrüse. In diesem Organ werden neben dem Pankreassaft, der die Verdauung im Dünndarm unterstützt, in den sogenannten Langerhansschen Inseln Insulin und Glucagon produziert. Insulin reguliert den Zuckerhaushalt des Körpers, ein Mangel führt zum Krankheitsbild des Diabetes. Von dieser Stoffwechselerkrankung sind in der Bundesrepublik Deutschland 2–3% der Bevölkerung betroffen.

Heilpflanzen und -tees sind nicht direkt zur Behandlung des Diabetes geeignet. Empfohlen werden Bohnenschalen, Heidelbeerblätter, Brennessel, Goldrute oder auch Ginseng und Eleutherokokk. Sie einem eingestellten und der Dauerdiät überdrüssigen Diabetiker zu empfehlen, ist Kurpfuscherei, denn dies führt zu einer Vernachlässigung der Diät oder sogar zum Absetzen der verordneten Medikamente. Gewichtsreduzierung mit oder ohne Heilkräuter ist oft der bessere Tip.

Herzliche Heilkräuter
(Herz- und Kreislaufbeschwerden)

Herz-Kreislaufkrankheiten sind sehr vielfältig, können angeboren sein oder sich im Laufe des Lebens entwickeln und ihre Ursachen in Infektionskrankheiten haben.

Die Risikofaktoren unserer Zeit, wie Streß, Rauchen, mangelnde körperliche Bewegung, ungesunde Ernährung, Alkoholmißbrauch und Übergewicht haben eine enorme Zunahme der krankhaften Verengung der Herzkranzgefäße (Arteriosklerose) und der Herzrhythmusstörungen bewirkt. Mißbefindlichkeitsstörungen des Herzens oder gar Krankheitserscheinungen gehören unbedingt in die Hand des Arztes. Er kann diese Erkrankungen mit exakt dosierten Medikamenten pflanzlicher Inhaltsstoffe des **Fingerhutes** (181–184), der **Meerzwiebel**, des **Maiglöckchens** (121), des **Adoniskrautes** oder der **Oleanderblätter** behandeln.

Sagt Ihr Arzt aber: „Organisch ist alles in Ordnung", und Sie wollen vorbeugend oder zur Unterstützung etwas tun, dann eignet sich neben dem Abstellen der genannten Risikofaktoren vor allem eine milde Heilpflanze, der **Weißdorn** (109/297).

Von dem bei uns an vielen Wegrändern vorkommenden Strauch werden Blüten, Blätter und Früchte, hochdosiert, als Tee, Tropfen oder Dragees angewendet. Während man früher die „kleine Herztherapie" mit Weißdorn als „keine Herztherapie" abgetan hat, sind inzwischen folgende Wirkungen des Weißdorns wissenschaftlich belegt:

– Die Herzkranzgefäße werden erweitert und besser durchblutet.
– Der Herzmuskel wird gestärkt, die Sauerstoffversorgung verbessert und die Herzleistung gestärkt.
– Leicht unregelmäßiger Pulsschlag (Herzstolpern) wird reguliert.

Voraussetzung für einen Erfolg ist eine langdauernde, hochdosierte, kurmäßige Anwendung. Weißdornpräparate sind keine spezifischen Arzneimittel zur Behandlung akuter Herzerkrankungen, sondern in erster Linie bewährte Vorbeugemittel bei nachlassender Leistungsfähigkeit des Herzens älterer Menschen, bei Druck und Beklemmungsgefühlen in der Herzgegend und bei leichten Herzrhythmusstörungen. Weiß-

dorntee-Kunden fühlen sich frischer. Als positive Nebenwirkung beruhigen Weißdorn-Präparate. Sie eignen sich daher besonders bei nervösen Herzbeschwerden.

Durch die rhythmisch wechselnden Impulse des Herzens schwankt der Druck in den Adern. Diesen Druck auf die Gefäßwände mißt man als „Blutdruck", und zwar den „systolischen" Wert beim Zusammenziehen und, als unteren, „diastolischen" Wert beim Erschlaffen des Herzmuskels.

Als Normwerte gelten heute: 140/90 mmHg. Langfristig unter 100/70 mmHg liegender wird als „niedriger Blutdruck (Hypotonie), dauernd 160/95 mmHg und darüber als „hoher Blutdruck" (Hypertonie) bezeichnet.

Der Grenzwertbereich zwischen 140 mmHg und 160 mmHg ist kontrollbedürftig und eventuell durch natriumarme Kost in den Griff zu bekommen. Hilfe bieten Salzgemische aus Kalium- und Magnesiumsalzen oder der Rat an die Hausfrau: „Kräutern statt salzen!"

Als gefährlicher Risikofaktor für sklerotische Gefäßverengung mit Schädigung an Herz, Gefäßen und Nieren gehört der Hochdruck ärztlich behandelt. Obwohl sich „Hochdruckler" meist sehr wohl fühlen, sollten sie regelmäßig ihren Blutdruck kontrollieren lassen.

Leider gibt es kein mildes Heilkraut, das zuverlässig hohen Blutdruck senkt. Die Schlangenwurz, besser bekannt als **Rauwolfia**, ist das wirksamste pflanzliche Hochdruckmittel. In den angelsächsischen Ländern wurde sie sehr exakt wissenschaftlich bearbeitet und das stark wirksame Alkaloid Reserpin isoliert. Volksmedizinisch wird die als Schmarotzer auf Bäumen lebende **Mistel** (218) zur Blutdrucksenkung empfohlen. Leider ließ sich die blutdrucksenkende Wirkung von Misteltee, -dragees oder -tropfen bisher noch nicht eindeutig bestätigen. Dagegen konnten die abwehrkräftestimulierenden Eigenschaften und eine gewisse Antitumorwirkung wäßriger Auszüge, als Injektion, bei der Krebsbehandlung wissenschaftlich bestätigt werden. Bluthochdruck, mit dem fünf bis acht Millionen Menschen in Deutschland leben, erhöhte Blutfette und eine Zusammenballung der Blutplättchen sind die drei Hauptrisikofaktoren der Arteriosklerose, im

Volksmund auch „Arterienverkalkung" genannt. Diese wiederum ist oft die Ursache von Herzinfarkten, Schlaganfällen oder arteriellen Verschlußkrankheiten.

Als Wunderknolle gegen diese Risikofaktoren hat die Wissenschaft die uralte Heilpflanze **Knoblauch** (225) bestätigt. Als Droge dient die Zwiebel, die eine Zwischenstellung zwischen Gewürz- und Heilmittel einnimmt. Frische Knoblauchzehen, Knoblauchextrakte und -pulver besitzen folgende Wirkungen:

– Sie wirken antiinfektiös gegen Bakterien, Pilze und Parasiten.
– Der Cholesterinspiegel wird gesenkt. Vor allem nimmt das schädliche LDL-Cholesterin ab, das vor Arteriosklerose schützende HDL-Cholesterin aber nimmt zu.
– Die Blutplättchenzusammenballung und damit Blutgerinnung werden gehemmt.

Knoblauchzehen und -präparate wirken hauptsächlich aufgrund ihrer schwefelhaltigen Inhaltsstoffe, die auch den unangenehmen Geruch bedingen. Am wirksamsten sind natürlich die frischen Knoblauchzehen, doch sind diese aus „Umweltschutzgründen" im Alltag außer in südlichen Ländern, in denen alle nach Knoblauch riechen, kaum zumutbar. Empfohlene Gegenmittel, wie Petersilie, Wacholderbeeren, Gewürznelken, Kaugummi, Milch oder Chlorophylltabletten, wirken nur im Bereich der Mund- und Magenschleimhaut. Den gleichen Sinn haben auch magensaftresistente Überzüge von Knoblauchdragees. Da aber Lunge und Haut die überriechenden Spaltprodukte des Allicins aufnehmen und wieder ausscheiden, „riecht man aus allen Poren". Alle Versprechungen haben keinen Sinn. Was bei Knoblauch nicht riecht, hilft auch nichts.

Knoblauch ist in den verschiedensten Aufbereitungsformen im Handel. Dem Naturprodukt am nächsten kommt der Pflanzensaft.

Sehr wirksam sind daneben Dragees, die aus Drogenpulver und/oder Drogenextrakten verpreßt und anschließend dragiert werden. Diese haben den Vorteil, daß sie neben den fettlöslichen auch die wasserlöslichen Inhaltsstoffe enthalten.

Bei Kombinationspräparaten mit Weißdorn, Mistel, Hopfen, Rutin oder Ginseng ist Knoblauch meistens so unterdosiert, daß es sich um eine reine Alibikombination handelt.

Zur Therapie wird eine mittlere Tagesdosis von 4 Gramm frischem Knoblauch empfohlen. Zur Vorbeugung sollten 2 bis 3 Gramm ausreichen, die 600 bis 1000 Milligramm Trocken-

extrakt oder, bei den üblichen Dosierungen, 3mal 2 Dragees pro Tag entsprechen.

Knoblauchzubereitungen dürfen nicht an Kinder verabreicht werden. Auch bei Erwachsenen wurden bei Überdosierungen Bauchschmerzen, Erbrechen und Veränderungen der Schleimhäute beobachtet.

Der Volksmund sagt: „Mit niedrigem Blutdruck lebt man lange, aber schlecht." Im Gegensatz zum Hochdruck, bei dem man sich eher wohl fühlt, sind Niederdruckler abgespannt, müde, lustlos. Alles ist ihnen zuviel. Sie kommen früh nicht in Schwung. Mit Ausnahme einiger Risikogruppen, wie ältere Menschen und Kinder, muß diese Befindlichkeitsstörung nicht unbedingt behandelt werden. Verschlimmern sich die Beschwerden aber in Form von Schwindel, Appetitlosigkeit, Konzentrationsschwäche, Ohrensausen oder Durchblutungsstörungen an Händen und Füßen, so sollten Sie zur Lieblingspflanze von Sebastian Kneipp greifen, dem **Rosmarin** (44). Verwendet werden Blättchen, die reichlich ätherisches Öl enthalten. Dessen Hauptinhaltsstoff, der Rosmarinkampfer, wirkt wie der echte Kampfer zentralerregend, tonisierend für den Kreislauf und blutdruckerhöhend. Da der reine Tee etwas herb schmeckt, wird er entweder Herz-Kreislauftees zugemischt, oder man bevorzugt, wie Sebastian Kneipp, den Rosmarinwein: **„Der Rosmarinwein, in kleinen Portionen genossen, hat sich als treffliches Mittel gegen Herzgebrechen bewährt."**

Besonders beliebt sind aktivierende, warme Rosmarinbäder am Morgen oder frühen Nachmittag. Ergänzen kann man diese gut durch kleine, kurz einwirkende Kaltreize wie Armbad, Wassertreten, die Muskeln und Gefäße tonisierende Bewegungsübungen und Sportarten, Saunaanwendungen und Massage. Während der früher so beliebte Rosmarinspiritus durch mit Kampfer und Menthol verstärkte Franzbranntweine etwas in Vergessenheit geriet, erfreuen sich Herzbalsame mit Rosmarinöl zunehmender Beliebtheit. Mehrmals täglich leicht in der Herzgegend einmassiert, wirken diese wohltuend tonisierend und lindernd bei leichten Herzbeschwerden.

Das blutdrucksteigernde Alkaloid Ephedrin des Ephedrastrauches wurde viel mißbraucht und ist nun verschreibungspflichtig. Die morgendliche Tasse **Bohnenkaffee** oder auch **schwarzer Tee**, der nur zwei bis drei Minuten ziehen darf, sind aber durchaus als Hausmittel zu empfehlen. Auch hier macht die Dosis aus dem mild anregenden Mittel ein, in zu großen Mengen genossen, schädliches Genußmittel. Oft genügt ja schon der morgendliche Kaffeeduft zur Anregung. Bei Kaffee setzt, wie beim reinen Coffein, die anregende Wirkung relativ schnell ein, um auch wieder nach verhältnismäßig kurzer Zeit aufzuhören.

Beim Tee baut sich die anregende, oft stimulierende Wirkung allmählich auf und flacht auch langsamer ab. Kaffee bringt morgens schneller in Schwung, Tee ist mehr geeignet, wenn Sie abends zum Beispiel länger arbeiten möchten.

„Ich habe heute nacht keine Minute geschlafen!"

(Nervosität, Schlafstörungen, Depressionen)

Leiden wirklich 16 Prozent aller Männer und Frauen hierzulande an Schlaflosigkeit? Wieviel Schlaf braucht eigentlich der Mensch? Das Schlafbedürfnis variiert sehr nach dem Lebensalter. Der Säugling schläft 16 bis 18 Stunden pro Tag. Ein sechsjähriges Kind benötigt zehn Stunden, um fit zu sein. Beim Erwachsenen ist der Schlafbedarf sehr unterschiedlich, zwischen fünf und neun Stunden. Die Norm liegt wohl bei sieben bis acht Stunden. Den Satz „Ich kann überhaupt nicht schlafen!" hört man meist von älteren Menschen. Er ist nur teilweise richtig. Die oft geäußerte Meinung, der ältere Mensch brauche weniger Schlaf, stimmt meist nicht. Es ändert sich weniger das Schlafbedürfnis als vielmehr die Schlafgewohnheiten. Ohne festen, geplanten Tagesrhythmus steht man im Ruhestand später auf. Man unterbricht die Schlaf-Wach-Intervalle des Körpers durch gelegentliche „Nickerchen" und verpaßt wegen des abendlichen Fernseh-Schlafes den „toten Punkt" zum Ins-Bett-Gehen. Da der Körper nicht so gefordert wird, fehlen die erholsamen regenerierenden Tiefschlafphasen.

Wer dagegen ganz gut ein-, aber nicht durchschläft, hat meist Kummer und Streß. Er „steht senkrecht im Bett", weil Probleme die Seele belasten, Sorgen, Überlastung und Unerledigtes bedrücken. Hier hilft kein nächtliches „um den Schlaf Ringen" und kein „Schäfchenzählen". Stehen Sie auf, lesen Sie ein Buch, hören Sie eine Schallplatte oder trinken Sie eine gesüßte Tasse Schlaftee, und waschen Sie ihre Füße kühl ab. Vor allem versuchen Sie so bald wie möglich, den Konflikt, der Sie bedrückt, zu lösen.

Schlafstörungen, Nervosität, gereizte Erschöpfung, Streßbeschwerden als Folge immer stärkerer Belastung durch Beruf, Umwelt und Familie lassen heute viele Mitmenschen zur Tablette greifen, zur „rosaroten Brille der Psyche" in Form von Tranquilizern und Psychopharmaka. Die Schlaftablette, die den Körper betäubt und den Schlaf erzwingt, ist nur in seltenen Fällen eine sinnvolle Lösung. Oft wird dies mit Tablettenabhängigkeit, morgendlicher Benommenheit („hang-over") und schlechtem Gewissen erkauft. Viele Patienten wollen gerne diesen Teufelskreis durchbrechen und fragen nach einem milden Mittel. Auf die Empfehlung: „Nehmen Sie doch mal ein Baldrianpräparat!" folgt oft die Antwort: „Das hilft doch nichts!" Diese Aussage konnte durch wissenschaftliche Versuche im Schlaflabor eindeutig widerlegt werden.

Dabei konnte die zentral dämpfende Wirkung des **Baldrians** (89) nachgewiesen werden. Allerdings ließ sich diese Wirkung nicht eindeutig dem ätherischen Öl oder den sogenannten Valepotriaten zuschreiben.

Der Vorteil der Baldrianzubereitung liegt darin, daß sie beruhigt und entspannt, ohne die Konzentrationsfähigkeit zu beeinträchtigen.

Daß es bei der Droge paradoxe Reaktionen geben kann, daß also Patienten statt beruhigt aufgekratzt werden, hat bereits Kneipp am bekannten Beispiel beschrieben:

„Daß im Baldrian etwas Besonderes stecken muß, darüber belehren uns die Katzen, die er so betäubt, daß sie sich in ihm wälzen."

Baldrianwurzel wird in Form von Tee, Tinktur, Saft oder Extrakt in Pflanzendragees angewendet. Die manchmal angezweifelte Wirkung geht meist auf eine falsche Zubereitung oder eine Unterdosierung zurück. Baldrianwurzel enthaltender Tee sollte mindestens 15 Minuten lang ziehen. Besser noch setzen Sie Ihren Schlaftee morgens an und trinken ihn kalt oder leicht angewärmt mit Honig gesüßt abends eine halbe Stunde vor dem Zubettgehen. Von Baldrian genügen nicht fünf Tropfen, sondern Sie sollten einen Teelöffel in einem halben Glas Wasser zum Schlafen einnehmen, bei nervösen Herzbeschwerden dreimal täglich 30 Tropfen. Bei nervösen Magenbeschwerden bewährt sich eine Mischung von Baldrianwurzel mit Kamillenblüten – ungesüßt – als Tee.

Vielleicht empfinden Sie das Baldrianaroma im Gegensatz zu Ihrer Katze als nicht betörend. Dann bleibt Ihnen immer noch eine Reihe weiterer sehr gut beruhigender Heilkräuter. Die getrockneten weiblichen Blütenstände des **Hopfens** (216), Hopfenzapfen genannt, enthalten neben ätherischem Öl und Gerbstoffen als wirksame Bestandteile die Bitterstoffe Humulon und Lupulon.

Mancher Patient schwört auf Hopfentee mit Honig gesüßt als

Schlummertrunk und bei nervösen Magenbeschwerden. Wegen seiner flüchtigen Bestandteile darf Hopfen aber nicht gekocht werden, sondern sollte vier bis fünf Stunden lang ziehen (2 Teelöffel pro Tasse). Besser ist die Wirkung noch, wenn man Hopfen mit Baldrian mischt. Diese Kombination bewährt sich vor allem bei nervöser Schlaflosigkeit und als Einschlafhilfe.

Bei nervösen Erregungszuständen ist dagegen eine Mischung von Baldrian mit **Melissenblättern** (242) die geeignete Kombination.

Zitronenmelisse enthält als Hauptwirkstoffe Citronellal, Citronellol, Geraniol und Citral.

Melissenblätter sind das Beruhigungsmittel der Wahl bei Streß, der sich „auf den Magen geschlagen" hat. Sie wirken beruhigend, krampflösend und blähungstreibend.

Neben diesem klassischen Dreigestirn zur Beruhigung eignen sich folgende Drogen sehr gut in Tropfenmischungen, Tees oder Pflanzendragees bei Nervosität und Schlafstörungen:

Haferfrüchte (189) sollten als Tinktur oder Extrakt angewendet werden. Sie eignen sich vor allem zur Einschlafhilfe.

Orangenblüten verleihen mit ihrem ätherischen Öl nicht nur Teemischungen und Duftkissen ein angenehmes Aroma, sondern bewähren sich auch als Beruhigungstee für Kinder und ältere Menschen.

Für nervöse und schlafgestörte Kinder mit Konzentrationsschwierigkeiten und Schulproblemen eignet sich das Kraut der wunderschönen **Passionsblume** als Tee, am besten gemischt mit Melisse und Hopfen. Dem Saft der reifen Früchte (Maracuja) schreibt man ebenfalls eine beruhigende Wirkung zu.

Man muß also nicht gleich mit dem suchterregenden Opium des Schlafmohns „in Morpheus' Armen liegen".

Die ätherischen Öle des Baldrians, Hopfens und der Melisse eignen sich vorzüglich und wirksam zur Anwendung als abendliche Beruhigungsbäder. Ein Melissenbad, dem meist auch das gleichartige ätherische Öl der indischen Melisse (Cymbopogon winterianus) zugesetzt wird, ist die ideale Entspannung, wenn Tageshetze und Ärger Ursache der Unruhe sind. Baldrianölbäder – mit Rosenöl angenehm aromatisiert – und Hopfenölbäder sind ideale Einschlafbäder. Achten Sie bitte darauf, daß Sie noch rechtzeitig das Bett erreichen und nicht schon in der Wanne entschlummern. Lavendel- und Haferstrohbäder wirken als Ausgleichsbäder sowohl sedierend als auch tonisierend, „bauen also entspannend wieder auf". Beachten Sie unbedingt, daß Beruhigungsbäder nicht zu warm genommen werden dürfen. Etwa 37 °C ist die ideale Temperatur, die Badedauer etwa 10 Minuten. Neben der bewiesenen Wirkstoffaufnahme durch die Haut werden die Riechnerven von den ätherischen Ölen angenehm stimuliert. Der so eintretende wohlige Effekt ist sicher auch das Geheimnis der Schlafkissen, bei denen sich die Füllung ans Lavendelblüten, Hopfenzapfen, Melissenblättern und Johanniskraut bewährt hat. Der Zusatz von etwas Baldrianwurzel ist Geschmackssache.

Unbedingt empfehlenswerte „Kneippsche Einschlafhilfen" sind zimmerwarme Ganzwaschungen oder Fußwaschungen bzw. „nasse Strümpfe" vor dem Zubettgehen.

Während manche Tips wie Honigmilch für Kinder oder sogar eine Tasse Bohnenkaffee für Senioren zumindest umstritten sind, muß ein Heilkraut noch unbedingt genannt werden, das **Johanniskraut** (110). Es gilt als Kraut für nervöse, ängstliche Frauen in den Wechseljahren und für traurige, ältere Menschen, die immerzu grübeln und von trüben Gedanken geplagt werden. Als Kraut, wenn einem „alles auf die Nerven geht", bei Reizbarkeit, nervöse Unruhe und Konzentrationsschwäche. Beachten sollte man eine mögliche erhöhte Lichtempfindlichkeit während der Einnahme, insbesondere bei hellhäutigen Personen.

Das geht an die Nieren

(Nieren-Blasenbeschwerden)

Die Nieren haben als Filterorgan die wichtige Aufgabe der Klärung aller harnpflichtigen Substanzen, sie regulieren den Elektrolyt- und Wasserhaushalt. Etwa 1500 Liter Blut durchfließen täglich die Nieren. Dieses wird in den feinen Verästelungen der Niere, die eine Gesamtlänge von 50 km besitzen, gefiltert und von Stoffwechselabbauprodukten befreit. Jede Schädigung der Niere kann zu gefährlichen Vergiftungen, Harnwegsentzündungen, Nierenversagen und Nierensteinen führen. Die Möglichkeiten der Selbstmedikation sind begrenzt.

Am Anfang einer sinnvollen Therapie steht gerade auch in der Selbstmedikation die Selbstdiagnose. Bei Erkrankungen der Blase und der Nieren ist der Laie meist überfordert. Bemerken Sie krampfartige Schmerzen in der Nierengegend, sind Sie durstig, müde, abgeschlagen, oder haben Sie gar Fieber und Schüttelfrost, so sollten Sie schnellstmöglich einen Arzt aufsuchen.

Dennoch besitzen die sogenannten „Blasen- und Nierentees" ihre Berechtigung. Sie bewirken über eine verstärkte Nierendurchblutung eine erhöhte Wasserausscheidung, sollen durch eine verstärkte Durchspülung des Nierenbeckens und der ableitenden Harnwege der Steinbildung vorbeugen und Harngrieß ausschwemmen, und wirken zum Teil antibakteriell und krampflösend. Gerade bei älteren Menschen ist oft die Steigerung der Harnmenge erwünscht und sinnvoll. Sehr wichtig bei einer Durchspülungstherapie ist die sogenannte „compliance", d. h. daß der Tee auch in ausreichender Menge (vier bis fünf Tassen pro Tag) eingenommen wird. Deshalb sollte ein Nieren-Blasentee nicht nur gut wirksame, sondern auch gut schmeckende Kräuter enthalten.

Zu dieser gewünschten Steigerung der Nierenaktivität eignen sich vor allem Brennessel- und Birkenblätter sowie **Löwenzahnwurzel mit Kraut** (55). „Die **Brennessel** (120) **hat in der Tat für den Kenner den größten Wert**", sagt Sebastian Kneipp. Sie spielt in den Lehrbüchern eine eher untergeordnete Rolle, ganz im Gegensatz zu ihrer Wertschätzung bei der Bevölkerung. Aufgrund ihrer Flavonoide, Kiesel-

säure, Kalium und Calciumsalze hat sie sich als wassertreibendes Mittel mit erhöhter Harnstoff- und Chloridausscheidung bewährt. Wichtig für die sinnvolle Anwendung der Brennessel ist sicher, in der Zukunft die kursierende „Indikationslyrik" zu beschränken.

Wäßrige Extrakte oder Frischpflanzensäfte von **Birkenblättern** (294) bewirken schon in relativ niedriger Dosierung eine Steigerung der Harnmenge um über 50%.

Während sich die „wassertreibenden" Brennessel, Birkenblätter, **Goldrute** und **Bohnenschale**n (oft aus geschmacklichen Gründen gemischt mit Kamille und Pfefferminze) ausgezeichnet zur Durchspülung und auch zur Steinprophylaxe der Harnwege eignen, sollten die **Petersilienfrüchte** und **Wacholderbeeren** (300) bei Erkrankungen der Harnwege nicht verwendet werden. Sie eignen sich vor allem zur Entwässerung und Entschlackung bei gesunden Organen.

Hausmittel der Wahl zur Desinfektion der ableitenden Harnwege sind die **Bärentraubenblätter** (37). Bewährt hat sich hierbei auch eine unterstützende Wärmebehandlung mit Heusäcken, bzw. Heublumen- und Zinnkrautbädern. Der Wirkstoff der Bärentraubenblätter ist das sogenannte Arbutin. Um dessen sehr gute desinfizierende Wirkung auf die ableitenden Harnwege zu nützen, sollte man folgendes beachten:

Der Harn muß zur Spaltung des Arbutins in das wirksame Hydrochinon sauer reagieren. Dies kann man erreichen durch reichlichen Genuß von Gemüse und Verzicht auf Fleisch oder einfacher, indem man dem Bärentraubenblättertee eine Messerspitze Natron zusetzt. Obwohl Bärentrauberblätter derb und hart sind, sollte man den Tee nicht durch langes Kochen bereiten. Dadurch enthält er nur viel unangenehm schmeckenden und magenreizenden Gerbstoff. Am besten ist ein Kaltansatz über 8 bis 10 Stunden, der etwa 80% Arbutin und nur wenig Gerbstoff enthält. Von diesem Tee sollten Sie vier bis sechs Tassen konzentrierten Tee (2 Teelöffel pro Tasse) trinken. So erreicht man die notwendige hohe Wirkstoffkonzentration im Harn. Bewährt hat sich auch eine Mischung der desinfizierenden Bärentraubenblätter mit entzündungshemmenden Kamillenblüten und krampflösenden Pfefferminzblättern.

Nach Abklingen der Beschwerden können zur Nachbehandlung wassertreibende Drogen wie Brennessel, Birkenblätter, Löwenzahn oder **Goldrute** eingesetzt werden.

Noch ein Wort zu den „steinreichen" Patienten. „Ruhige" Blasen- und Nierensteine werden oft nur durch Zufall entdeckt. „Wandernde" Steine bereiten als Koliken oft unerträgliche Schmerzen, bei denen der Patient von alleine den Arzt aufsucht. Nach Abklingen der akuten Kolik schwören manche Patienten auf die sogenannte „Hüpfkur". Nach dem Genuß von 2 Litern wassertreibenden Tees – manche empfehlen hierfür auch angewärmtes Bier – hüpft man die Treppe Stufe für Stufe hinunter.

Hierbei löst sich manchmal ein Stein, und der Plagegeist verläßt auf natürliche Weise den Körper. Vor allem Löwenzahnwurzel mit Kraut schreibt man eine vorbeugende Wirkung gegen die Vergrößerung und Neubildung von Nieren, Blasen- und sogar Gallensteinen zu. Generell kann man – vor allem älteren Patienten – sagen: „Viel trinken ist die beste Vorbeugung."

Eine „reizende Blase"

(Heilkräuter bei Prostatabeschwerden und Reizblase)

Zwei bis drei Millionen Menschen leiden in Deutschland an Blasenschwäche oder Inkontinenz. „Darüber spricht man nicht." Dabei haben Reizblase und Prostatabeschwerden oft unterschiedlichste Ursachen, die entweder psycho-vegetativ und/oder hormonell (Wechseljahre) bedingt sind. Neben organischen Ursachen kann auch eine Entzündung (Erkältung) eine auslösende Rolle spielen. Vor der unterstützenden Behandlung mit Heilkräutern ist zunächst einmal die durch den Arzt abgesicherte Diagnose wichtig: „Gutartige Prostatavergrößerung." Beim ersten Schweregrad ist die Harndrangfrequenz leicht erhöht. Mit gutem Gewissen kann man hier zu einer Kur mit **Brennesseltee** (120) oder zu Kapseln mit Brennesselextrakt raten. Wichtig ist auch der Rat, die Halbe kalten Bieres durch ein „Arzneigläschen" Wein zu ersetzen. Bei Prostataentzündung sollte die ärztliche Therapie durch warme Kleidung „unterhalb der Gürtellinie", aufsteigende Fußbäder, Voll- oder Sitzbäder mit **Schachtelhalm**extrakt oder **Lavendelöl** (107) sowie durch die Auflage von **Heusäcken** (121) unterstützt werden.

Gegen nervöse Reizblase, d. h. häufigen Harndrang ohne entzündliche und organische Veränderungen, eignen sich neben den sehr warmen Kräuterbädern beruhigende Tees und Pflanzendragees mit **Baldrian** (89), **Hopfe**n (216), **Melisse** (242) oder **Johanniskraut** (110). Letzteres wird vor allem, neben besonderer Zuwendung, auch als Hausmittel gegen Bettnässen bei Kindern empfohlen.

Der beginnende zweite Schweregrad ist durch anhaltenden Harndrang und starken Reiz zum Wasserlassen gekennzeichnet. Die Reizblase ist nur Symptom und keine für sich bestehende Krankheit. Zur symptomatischen Behandlung haben sich neben Extrakten der **Zwergpalme** (Sabal serrulata) vor allem **Kürbiskerne** (298) bewährt. Diese werden entweder als Ganzes gekaut oder in Form von Granulat mit Flüssigkeit eingenommen. Konzentrierter und geschmacksneutral läßt sich Kürbiskernöl in Form von Kapseln anwenden. Sie helfen sowohl bei der Reizblase der Frau als auch bei Beschwerden einer Prostataneurose bei Männern jüngeren und mittleren Alters. Für die Verwendung von Kernen einer vorderasiatischen Spezialzucht sprach vor allem die Beobachtung, daß Prostatavergrößerungen in einigen Balkanländern, in denen häufig Kürbiskerne gekaut werden, praktisch nicht vorkommen. Die Kerne enthalten fettes Öl. Die Wirkung schreibt man Beta-Sitosterin – dem pflanzlichen Cholesterin –, Tocopherolen (Vitamin E) und den Spurenelementen Selen und Mangan zu, die einen positiven Einfluß auf den Stoffwechsel der Blasenmuskulatur ausüben sollen. Das Auffinden eines stark entwässernden Phytosterins und Hinweise auf eine antimikrobielle Wirksamkeit erhärten die sinnvolle Wirksamkeit von Kürbissamen. Antiprostintees enthalten hauptsächlich wassertreibende Drogen. Durch eine möglichst vollständige abendliche Entleerung der Blase wird der nächtliche Harndrang vermindert.

Eine der gefragtesten Teedrogen ist **Weidenröschen** (273). Es konnte zwar nachgewiesen werden, daß wäßrige Extrakte von Kleinblättrigem Weidenröschen eine stärkere Hemmwirkung auf das Entzündungsgeschehen ausüben als das Kleinblütige Weidenröschen. Wenn die in Weidenröschen enthaltenen Sitosterine aus dem Darmtrakt aufgenommen werden, ist eine Wirkung auf das entzündliche Geschehen im Prostatagewebe zu erwarten.

Ein direkter Einfluß auf das Entstehen des Prostata-Adenoms, d. h. einer gutartigen Vergrößerung der drüsigen Anteile der Vorsteherdrüse, vor allem nach dem 60. Lebensjahr, konnte bisher noch nicht bewiesen werden.

Leider ist auch mit pflanzlichen Mitteln eine operative Entfernung des Adenoms nicht zu verhindern, um wieder freien Harnabfluß zu schaffen. Auch in einem Buch über Heilkräuter sollte in diesem Kapitel zum Schluß der Hinweis auf die Wichtigkeit einer regelmäßigen Vorsorgeuntersuchung auf Prostatakrebs nicht fehlen.

„Schwere Beine"

(Venenerkrankungen, Durchblutungsstörungen)

Über 5 Millionen Bundesbürger leiden an Venenerkrankungen. Eine ererbte oder erworbene Venenwandschwäche wird dabei nach einiger Zeit als knoten- oder sackförmige Erweiterung der Venen sichtbar. Die Venenwände werden unelastisch, überdehnt und bilden kleine Risse. Die Venenklappen, die den Druck regulieren sollten, schließen nicht mehr richtig. Stoffwechselschlacken werden nur ungenügend abtransportiert, das Bein insgesamt schlecht durchblutet. Kleine Einrisse heilen durch bindegewebsartige Wucherungen ab. Es entstehen so die sogenannten Krampfadern oder Varizen. Als Folge dieser zunächst nur kosmetisch störenden Prozesse drohen aufgrund der Druckerhöhung in den feinen Venenästchen: Schweregefühl, Kribbeln, Jucken, schmerzhafte Spannungszustände, Stauungen (Ödeme) und in der letzten Phase Gewebsschädigungen mit schlecht heilendem Unterschenkelgeschwür (Ulcus cruris).

Krampfaderbildung ist nur zum Teil Veranlagung, sie wird auch durch bestimmte Lebensbedingungen – langes Stehen oder zu viel Sitzen – sowie durch den natürlichen Alterungsprozeß der Gefäße gefördert. Charakteristisch für venöse Beinleiden sind überdehnte Venen, Stauungen und eine Strömungsverlangsamung des Blutes.

Verhindern Sie daher schon vorbeugend, spätestens aber bei den ersten Beschwerden, daß sich die Krampfadern weiter vergrößern oder entzünden. Dazu eignen sich folgende Maßnahmen:

– Wenig stehen oder sitzen, so viel wie möglich laufen oder liegen, bauen Sie Pfunde ab, treiben Sie Sport und bringen Sie so ihre Beinmuskeln als „Venenpumpe" in Schwung.
– Legen Sie wenn immer möglich die Beine hoch – beim Lesen, Fernsehen. Unterlegen Sie im Bett ihre Unterschenkel mit einem Keil.
– Statt heißer Bäder lieber Duschen mit anschließenden kalten, gewebestärkenden Schenkelgüssen.
– Meiden Sie Sauna und heiße Sonne.
– Helfen Sie Ihren Venen durch leichte, modische Stützstrümpfe. Tragen Sie aber gut passende Kompressionsstrümpfe erst nach ärztlicher Anweisung. Diese verhindern

dann, daß sich das Blut tagsüber in den erweiterten schlaffen Venen staut.
– Nutzen Sie bei diesen Beschwerden auch die vorbeugende und beschwerdelindernde Kraft der Heilpflanzen:

Fast alle pflanzlichen Venenmittel enthalten als Hauptbestandteil Extrakte der **Roßkastaniensamen** (289) (Aesculus hippocastani). Hauptwirkstoff ist das Saponin Aescin, das Zahl und Durchmesser der feinen Poren in den Venen vermindert, somit deren Durchlässigkeit für Flüssigkeiten hemmt und auf diese Weise Ödeme verhindert. Es wirkt entzündungshemmend und kräftigt gleichzeitig die Venenwände. Diese Naturstoffe heißen Saponine, weil sie die Oberflächenspannung von Wasser vermindern können. Es entsteht Schaum wie bei einer Seife (lat. sapo). Diesen Effekt nutzt man auch bei den Gefäßwänden. Deren Benetzbarkeit wird gesteigert und somit das Abfließen der Gewebsflüssigkeit erleichtert. Roßkastanien-Gesamtextrakt wird in Form von Dragees, Kapseln, Injektionen und äußerlich als Salben oder Gele angewendet.

Venensalben sollten Sie nicht einmassieren, um nicht das kranke Gewebe zu reizen oder ein Blutgerinnsel zu lösen. Zweimal täglich dünn einreiben genügt. Gele haben vor allem im Sommer den Vorteil der kühlenden Wirkung und sind im akuten Stadium angebracht.

Als Tee schreibt man auch dem **Buchweizenkraut** (Fagopyrum esculeatum) eine günstige Wirkung bei venösen Beschwerden zu. Hauptinhaltsstoff ist gefäßabdichtendes Rutin. Ein ausgezeichnetes Mittel gegen venöse Stauungen sind die durchblutungsfördernden, entzündungshemmenden Inhaltsstoffe der **Arnikablüten** (227). Äußerlich angewendet ist Arnika das Mittel der Wahl bei Zerrungen, Prellungen, Verstauchungen, schweren Beinen, Muskel- und Gelenkschmerzen sowie zur raschen Beseitigung von Blutergüssen und zur Wundheilung.

Im akuten Fall, vor allem auch bei Sportverletzungen, ist Arnikatinktur oder Arnika-Fluid vorzuziehen. Bei chronischen

Durchblutungsstörungen, schweren Beinen, Muskel- und Gelenkschmerzen bewährt sich die Arnikasalbe.

Von der einst so beliebten innerlichen Anwendung von Arnika bei Herz- und Magenbeschwerden ist unbedingt abzuraten. Überdosierungen, die zu Magenreizungen, Durchfällen und gefährlichen Herzbeschwerden führen können, sind dabei nicht auszuschließen.

„Arnika besitzt in der ganzen Welt den Ruf einer vorzüglichen Heilpflanze." Diese Aussage von Sebastian Kneipp wurde von wissenschaftlichen Arbeiten glänzend bestätigt.

„Jungbrunnen Natur?"
(Arzneipflanzen bei Altersbeschwerden)

Um Ihnen gleich falsche Hoffnungen zu nehmen: es gibt weder pflanzliche noch chemische Mittel, die uns verjüngen. Es stellt sich nicht die Frage: „Wie alt wollen Sie werden?", sondern: „Wie wollen Sie alt werden?" Sinn dieses Kapitels soll es sein, Ihnen Heilpflanzen vorzustellen, die den Lebensabend „lebenswerter, menschenwürdiger und sinnvoller gestalten". Alt werden alleine genügt nicht. Gesundheit und geistige Beweglichkeit machen diesen Lebensabschnitt erst erstrebenswert. Nach dem Motto „Vorbeugen ist besser als Heilen" ist die Gesundheitsvorsorge (Prävention) eine wichtige Aufgabe unserer Zeit.

Neben der Verhinderung von Infektionskrankheiten durch hygienische Maßnahmen und die enormen Fortschritte der Medizin, ist die Gesundheitsaufklärung über die Wichtigkeit richtiger Ernährung, gezielter Bewegung, Vermeidung von Risikofaktoren, positiver Lebenseinstellung und einer Anpassung des Gleichgewichts körperlicher und seelischer Funktionen an unsere veränderte Umwelt eine Voraussetzung dafür, diese Aufgabe zu lösen.

Die durchschnittliche Lebenserwartung hat sich wesentlich erhöht. Es ist daher erstaunlich, daß dem Einsatz von milden, preiswerten pflanzlichen Heil- und Vorbeugemitteln weiterhin mit Skepsis, ja zum Teil sogar mit Ablehnung begegnet wird, und dies im Zeitalter explodierender Gesundheitskosten. Lassen Sie mich daher noch einmal kurz aus den vorhergehenden Kapiteln Mittel der „Phyto-Prävention" ins Gedächtnis rufen:

– **Weißdorn** (109) und **Rosmarin** (44) stützen mild Herz und Kreislauf.
– Bitterdrogen – **Wermut** (293), **Enzian, Tausendgüldenkraut** (295) – regen die Magensaftsekretion an.
– **Pfefferminz** (257) und **Löwenzahn** (55) erhöhen den Gallenfluß und mildern Gallenstau.
– **Sonnenhut** (249), Thuja und Bitterstoffe stimulieren unser Abwehrsystem.
– Ballaststoffe und Quellmittel regen die Darmtätigkeit an.
– Schleimhaltige, desinfizierende und auswurffördernde Heilkräuter – **Eibisch** (84), **Thymian** (259), **Schlüsselblume** (6) – pflegen unsere Atemwege.
– **Knoblauch** (225) und Fischöl senken die Blutfette und beugen so einer Arteriosklerose und eventuell einem Herzinfarkt vor.
– Aloe, **Ringelblume** (196), Zaubernuß und **Johanniskraut** (110) pflegen die alternde Haut und führen ihr Feuchtigkeit zu.
– **Kürbiskerne** (298), **Brennessel** (120), Zwergpalme lindern beginnende Prostatabeschwerden.
– **Arnika** (227) und **Roßkastanie** (289) tonisieren die gefährdeten und geschädigten Venen.
– **Bärentraubenblätter** (37), **Brennessel** (120) und **Birkenblätter** (294) desinfizieren und durchspülen steingefährdete Nieren und Blase.
– **Baldrian** (89), **Hopfen** (216) und **Melisse** (242) dämpfen natürlich Streßfaktoren und schenken erholsamen, natürlichen Schlaf.

All diese Arzneidrogen sind „Geriatrika" im besten Sinne, da sie Beschwerden lindern und Gesundheitsstörungen vorbeugen. Es können keine Mittel „gegen das Altern" sein, aber es sind ebenso Mittel „gegen Krankheiten im Alter" wie sinnvoll ergänzende Vitamin- oder Mineralstoffpräparate.

Ganz wichtig ist, daß Maßnahmen zur Erhaltung körperlicher und geistiger Frische beim gesunden Menschen einsetzen müssen. Beginnen Sie Ihre erste Kneipp-Kur, die ja in ihren 5 Säulen all die genannten Vorbeugemaßnahmen beinhaltet, daher nicht erst mit 60 Jahren. Neben den bereits erwähnten Heilpflanzen stützen sich auf einige Drogen besondere Hoffnungen.

Geradezu als lebensverlängernde asiatische Wunderwaffe wird **Ginseng**wurzel gepriesen. Ginseng ist eine der ältesten Heilpflanzen Ostasiens, um die sich eine Unmenge von Sagen rankt. Sie kommt ursprünglich in den Urwäldern der Mandschurei und des inneren China wild vor und wird heute vor allem in Korea angebaut. Vor allem menschenähnlich aussehende Wurzeln pries man als Wunderdroge gegen die Beschwernisse des Alltags. Man erwartete von ihnen Glück, langes Leben und sexuelle Kraft. Sie wurden deshalb mit dem Dreifachen ihres Gewichts in Gold aufgewogen. Bisher sind noch nicht alle Wirkstoffe isoliert und in ihrer Wirkung untersucht. Auch hier scheint das Ganze mehr zu leisten als die Summe seiner Teile. Während in den USA Ginsengwurzel noch skeptisch unter Gesundheitskost eingeordnet wird, wurde sie bei uns nach wissenschaftlichen Untersuchungen ins neue Arzneibuch mitaufgenommmen. Folgende Wirkungen sind durch Arbeiten bestätigt worden:

– Ginseng verbessert die Abwehrbereitschaft des Körpers gegen die Vielzahl der veränderten Umwelteinflüsse.
– Die Wurzel normalisiert veränderte Körperfunktionen (z. B. Fettstoffwechsel).
– Der erschöpfte oder geistig und körperlich belastete Körper wird generell gekräftigt und tonisiert.
– Die Hirnfunktion wird erhöht.
– Der Organismus wird leichter mit „Streß" fertig,
– Ginseng wirkt stimmungsaufhellend.

Wichtig für diese belegten Wirkungen ist eine sinnvolle Dosierung (1 bis 2 Gramm Wurzel bzw. 200 bis 400 mg Extrakt) der qualitätskontrollierten, offizinellen Arzneibuchdroge (Panax Ginseng Meyer) in einem seriösen Präparat (Tinktur, Extrakt, Kapsel, Dragee).

Diese Anpassungsfähigkeit an Streß-Situationen ist ja gerade beim älteren Menschen mit seiner verminderten Leistungsfähigkeit wünschenswert.

Ähnliche Wirkungen schreibt man auch dem „sibirischen Ginseng" **Eleutherokokk** (Eleutherococcus senticosus) zu. Diese sogenannte Taigawurzel wird seit dem 2. Weltkrieg von den Russen als Ersatz für die nicht in hinreichenden Mengen verfügbare Ginseng-Wurzel angeboten.

Kopfschmerzen, Ohrensausen, Konzentrationsschwäche können neben anderen Beschwerden von einer Mangeldurchblutung des Gehirns herrühren. Hier haben sich die Inhaltsstoffe des ostasiatischen Fächerblattbaumes **Ginkgo biloba** (232) bewärt.

Die Inhaltsstoffe des Ginkgoblätterextrakts (Ginkgo-Flavonglycoside und Diterpene = Ginkgolide) erweitern und entkrampfen die Blutgefäße, schützen deren Zellmembranen und verbessern die Fließeigenschaften des Blutes. Neben einer leichten Blutdrucksenkung erreicht man so eine verbesserte Durchblutung und Sauerstoffversorgung im Gewebe und Gehirn. Die wissenschaftlich bewiesene Wirkung, Wirksamkeit und Unbedenklichkeit des standardisierten Monoextraktes aus den Ginkgoblättern ist allerdings streng an dessen pharmazeutische Qualität und konstante Zusammensetzung gebunden.

Auch wenn man sich vor einer Indikationslyrik bei Geriatrika hüten muß, gibt es doch eine Menge belegter Wirkungen. Die artspezifische maximale Lebenserwartung des Menschen von etwa 100 Jahren läßt sich derzeit nicht weiter ausdehnen. Hygiene, Ernährung, Beruf, soziale Situation und auch Medikamente haben wichtigen Einfluß darauf, daß der Alterungsprozeß des einzelnen verlangsamt und das erreichte Lebensalter lebenswerter wird.

Mancher ältere Mensch stöhnt unter der Last der Funktions- und Befindlichkeitsstörungen. Trösten Sie sich dann mit dem Satz: „Es ist schlimm, alt zu werden, viel schlimmer ist es allerdings, nicht alt zu werden!"

Die Kräuter sind zum Baden da

(Baden Sie sich gesund)

Das „Bad am Samstagabend" hat zunächst nur den Zweck der Reinigung. Dies kann mit klarem Wasser unter Zusatz von Seife oder Schaumzusätzen geschehen. Der nächste Schritt geht hin zum Kosmetischen. Angenehme Duftstoffe und schöne Farbe schaffen Wohlbefinden und entspannen, rückfettende Badezusätze pflegen die Haut. Das Heilbad schließlich nutzt die uralte Tradition der Verwendung von Kräutern und deren Extrakten zu Heilzwecken.

Während der Arzt Priessnitz noch das reine Wasser verwendete, bekam die Verwendung von Heilpflanzen als Badezusätze durch Sebastian Kneipp Auftrieb: **„Bei allen Wannenbädern benütze ich nie oder höchst selten Warmwasser allein, ich mische stets Absud von verschiedenen Heilkräutern zu."** (Meine Wasserkur 1897)

Er empfiehlt also keineswegs nur die Wirkung des kalten Wassers – ein noch immer weit verbreitetes Vorurteil –, sondern warmes Wasser mit Kräuterzusätzen: **„Was die Kräuter in den Bädern vermögen, kann ich nur loben."** (Mein Testament)

Kräuterbäder spenden nicht nur „Wonne aus der Wanne", sondern richtig ausgewählt, angewendet und dosiert sind sie eine echte Hilfe gegen Alltagsbeschwerden.

Zum Teil wird während des Bades über den Geruchssinn eine erhebliche Stimmungsänderung hervorgerufen. Die Psyche ist auch der Grund dafür, daß ein an sich farbloses Fichtennadelbad grün, ein Rosmarinbad rot und ein Lavendelbad blau gefärbt wird. Dies geschieht mit harmlosen Lebensmittelfarben.

Die Inhalation der mit dem Wasserdampf mitgerissenen ätherischen Öle des Thymians, der Lindenblüten oder der Kamille während des Bades hat einen ähnlich desinfizierenden und entzündungshemmenden Effekt wie entsprechende Kopfdämpfe.

Während eines Bades dringen ätherische Öle direkt in die Haut ein und werden dem Organismus zugeführt.

Die modernen Badezusätze sind das Ende einer Entwicklungsreihe, begonnen von Sebastian Kneipp getreu seinem Ausspruch:

„Ich habe mehr mit Kräutern als mit Wasser kuriert und dabei die schönsten Erfolge erzielt."

Unsere Vorfahren bereiteten die Badezusätze nach dem Kneippschen Rezept für ein Heublumenbad:

„Ein kleines Säckchen mit Heublumen angefüllt kommt in einen Kessel mit heißem Wasser und bleibt mindestens 1/2 Stunde im Sude. Der ganze Absud wird in die mit Warmwasser bereitstehende Wanne geschüttet und die Mischung, bis sie die vorgeschriebene Temperatur erreicht hat, mit warmem oder kaltem Wasser aufgefüllt." (Meine Wasser-Kur)

Diese Abkochungen waren nicht nur umständlich zuzubereiten und schlecht haltbar, sondern verfärbten auch Haut und Wanne, weshalb man für manche Kräuterbäder Holzwannen nehmen mußte.

In den vierziger Jahren entwickelten sich daraus vorgefertigte, dickflüssige Vollextrakte. Problematisch waren dabei Standardisierung, Konservierung, Löslichkeit, die sirupöse Konsistenz und das trübe Aussehen des Badewassers.

Gerbstoff- und kieselsäurehaltige Badezusätze wie Eichenrinden-, Haferstroh-, Schachtelhalm-, Kalmusextrakt oder Moorlauge sind auch heute nur in dieser Form zugänglich. Allerdings haben moderne Reinigungsmittel und Edelstahlbadewannen Hygiene- und Reinigungsprobleme gelöst.

Aus dem Wunsch nach „Wannenreinheit" und der Erkenntnis, daß meist die „sauberen" ätherischen Öle das Wirkprinzip sind, entstanden Badezusätze ohne Ballaststoffe. Diese Badezusätze haben folgende Vorteile, sie sind:

– genau dosierbar

– wannenrein

– hochkonzentriert

– selbst keimtötend und somit ohne Konservierung haltbar.

Die medizinische Erforschung der Haut brachte zusätzlich die Erkenntnis zweier verschiedener Hauttypen beim Menschen:

1. meist jüngere Menschen mit fettiger Haut (Seborrhoiker)
2. Menschen mit trockener Haut (Sebostatiker), wobei diese Tendenz mit dem Alter zunimmt.

Getreu den Grundsätzen der Kneippschen Lehre, entstanden so drei verschiedene Grundtypen von modernen Badezusätzen:
– Ölbäder
– Badesalze
– wannenreine Extrakte (Aquasane).

Ölbäder eignen sich vor allem für Menschen mit trockener Haut. Als Wirkstoffe enthalten sie bis 40 % wohlriechende ätherische Öle (z. B. Melissen-, Rosmarin-, Kamillen-, Fichtennadelöl) gebunden an hautfreundliche Emulgatoren. Durch diese werden sie wasserlöslich, verteilen sich im ganzen Badewasser und durchdringen auch noch leichter die Haut. Rückfettende Zusätze und natürliche Fette und Öle (Sojabohnenöl, Avocadoöl, Erdnußöl, Jojabad, Mandelöl) pflegen die Haut und ersetzen die durch das Bad entzogenen Hautfette. Für sehr trockene Haut gibt es zur Pflege auch Badezusätze, die nur fette Öle mit Emulgatoren enthalten.

Badesalze sind die konservative Darreichungsform bei fettiger Haut. Der Zusatz von Salz zu Bädern ist seit Bestehen der Kneipp-Heilweise üblich. Grundstoff ist schnelllösliches, grobkörniges Kochsalz in Speisequalität. Wegen seiner Gewinnung wird es auch „Pfannensalz" genannt. Es zeichnet sich durch schöne Kristallbildung und große Oberfläche zum Binden der ätherischen Öle aus. Die salinische, d. h. leicht hautquellende Wirkung wird unterstützt durch ätherische Öle, die ebenfalls durch Emulgatoren wasserlöslich gemacht werden. Pro Vollbad setzt man etwa 100 g Badesalz zu und erhält so ein Drittel der Meersalzkonzentration. Die steigende Verwendung von Solebädern und ihre hervorragende Wirkung auf die Haut zur Allergieabwehr oder zur unterstützenden Behandlung der Schuppenflechte wurden durch Forschungsergebnisse bestätigt.

Bei **Aquasanen** bilden Emulgatoren und hautfreundliche Schaumstoffe die Grundlage für naturreine ätherische Öle. Das Baden im Schaum verstärkt psychologisch die Entspannungsgefühle, man fühlt sich geborgen und genießt das Prickeln des Schaumes auf der Haut. Schaum dient als Wärmedecke für das Badewasser und vermittelt optisch die Garantie für ein frisch bereitetes Bad.

Richtig baden:
Beachten Sie bei der häuslichen Badekur unbedingt einige Punkte:
– Baden Sie höchstens 10 bis 15 Minuten lang.
– Die Wassertemperatur sollte 37 bis 40 °C betragen. Schlaffördernde, entspannende Bäder kühler (36 bis 37 °C), Rheuma und Erkältungsbäder eher höher (39 bis 40 °C).
– Zu heiße Bäder belasten den Kreislauf, eventuell bei Herzschwäche nur Teil- oder Sitzbäder nehmen. Vorsicht bei Venenleiden! Nicht mit Fieber baden!
– Das Badezimmer sollte angenehm temperiert sein. Wer den Kreislauf anregen möchte, kann nach dem Bad noch kalt duschen. Gehen Sie aber nicht gleich ins Kühle. Regenerieren Sie Ihre „ausgelaugte" Haut nach dem Bad mit einer sowohl fettenden als auch feuchtigkeitsspendenden Hautmilch. Achten Sie darauf, daß die durch Seife oder Schaumbäder alkalisch gewordene Haut durch geeignete Lotions und Cremes wieder ihren Säureschutzmantel erhält. Was manche als juckende Allergie betrachten, ist oft nur eine zu trockene Haut.

Wenn Sie diese Punkte beachten, fühlen Sie sich wie neugeboren nach einer Kur in „Bad Zuhause"!

Badezusätze aus Heilkräutern

Extrakt oder äther. Öl aus:	Wirkung	Heilanzeige
Baldrian	beruhigend	Schlaflosigkeit, Nervosität
Eichenrinde	zusammenziehend	Ekzeme, Frostbeulen, Hämorrhoiden
Eucalyptus	desinfizierend, sekretolytisch	Erkältung, Husten, Schnupfen
Fichtennadel/Latschen-kiefer	anregend, desinfizierend, durchblutungsfördernd, Atemwege befreiend	Erkältung, Abgespanntheit
Haferstroh	entzündungshemmend	Hautkrankheiten
Heublumen	stoffwechselanregend	Rheuma, Bandscheibenschäden, Ischias, Erschöpfungszustände
Hopfen	beruhigend, durchblutungsfördernd	Schlaflosigkeit, Nervosität
Kamille	entzündungswidrig, hautpflegend, wundheilend	Wundbehandlung, Ekzeme, Hautpflege, Schleimhautentzündung
Kleie	entzündungshemmend, juckreizstillend	Allergien, Hautpflege, Ekzeme, Wundbehandlung
Lavendel	entspannend, tonisierend, erfrischend	Abgespanntheit, Nervosität, Juckreiz, Rheuma
Melisse	beruhigend, entspannend	Nervosität, Streß, Schlaflosigkeit
Moorlauge	entzündungshemmend, durchblutungs-fördernd	Rheuma, Gicht, Sportverletzungen
Orange/Lindenblüten	ausgleichend, harmonisierend	Nervosität, Streß, Abgespanntheit
Rosmarin	anregend, durchblutungsfördernd, blutdruckerhöhend	niedriger Blutdruck, Herz- und Kreislaufschwäche
Schachtelhalm (Zinnkraut)	zusammenziehend, wundheilungsfördernd	Wundbehandlung, Verbrennungen, Decubitus
Thymian	desinfizierend, auswurffördernd, krampflösend	Erkältung, Husten, Bronchitis
Wacholder	durchblutungsfördernd	Rheuma, Muskelverspannungen, Sportverletzungen

Literaturhinweis:

a. historische Literatur zur Pflanzenheilkunde nach Kneipp

Kneipp S., Meine Wasser-Kur, Verlag der Jos. Kösel'schen Buchhandlung, Kempten (1889)

Kneipp S., Öffentliche Vorträge (1894)

Kneipp S., Codizil zu meinem Testament (1894)

Erzherzog Joseph, Atlas der Heilpflanzen, genehmigte Sonderausgabe (Nachdruck), Weltbild Verlag GmbH, Augsburg (1987)

Rosenberg J., Führer durch die Pflanzenwelt von Bad Wörishofen und Umgebung, Selbstverlag, Bad Wörishofen (1929)

von Perger R., Deutsche Pflanzensagen, Verlag August Schaber, Stuttgart und Oehringen (1864)

b. allgemeine Pflanzenbeschreibung und Systematik

Bardorff W., Blick in das Buch der Natur, Safari Verlag Berlin (1962)

Blanchini F., Corbetta F., Pistoia M., Der große Heilpflanzenatlas, BLV Verlagsges.m.b.H., München (1978)

Buff W., von der Dunk K., Giftpflanzen in Natur und Garten, Teil 1 und 2, Augsburger Druck- und Verlagshaus GmbH, Augsburg (1980)

Hegi G., Illustrierte Flora von Mittel-Europa, J. F. Lehmanns Verlag, München (1931)

Hackel H. J., „Pflanzen und Tierwelt" in „Landkreis Unterallgäu" (1987)

Schmeil O., Fitschen J., Flora von Deutschland, Verlag Quelle und Meyer, Heidelberg (1962)

c. Heilpflanzen, Wirkung, Inhaltsstoffe, Anwendung:

Brüggemann W., Mit Kneipp Gesundheit im Hause, Eigenverlag der Kneipp Werke, Würzburg (1973)

Fischer M., Fröhlich H. H., Thiele K., Der Kneipp-Apotheker-Garten, Eigenverlag der Kneipp-Werke, Würzburg-Bad Wörishofen (1990)

Furlenmeier M., Wunderwelt der Heilpflanzen, Rheingauer Verlagsges., Eltville (1979)

Hofmann H., Kneipp Rezeptbuch für Pflanzensäfte, Sebastian Kneipp Naturmittel-Verlag, Würzburg (1976)

Kneipp Pflanzen Dragees, Sebastian Kneipp Gesundheitsmittel Verlag GmbH., Würzburg (1988)

Das Kneipp Kräuterbuch mit den Kneipp Kräuterkuren, Eigenverlag, Kneipp Heilmittelwerk, Würzburg (1975)

Laux H. E., Tode A., Heilpflanzen – wie sie wachsen, blühen, wirken, Umschau Verlag Breidenstein GmbH., Frankfurt (1990)

Mansel L., Gesundheit aus der Apotheke, Keppler Verlag (1988)

Pahlow M., Das große Buch der Heilpflanzen, Gräfe und Unzer, München (1979)

Pahlow M., Meine Heilpflanzen Tees, Gräfe und Unzer, München (1980)

Schneider E., Nutze die heilkräftigen Pflanzen, Saatkorn Verlag, Hamburg (1986)

Ullmann M., Knaurs große Heilapotheke: Heilpflanzen, Droemersche Verlagsanstalt, Th. Knaur Nachf., München (1988)

Heilpflanzen und ihre Kräfte, Lingen Verlag, Köln (1978)

Widmaier W., Kleine Heilpflanzen Fibel, Landesapothekerverein Baden-Württemberg, Stuttgart (1988)

Weiß R. F., Moderne Pflanzenheilkunde, Kneipp Verlag GmbH, Bad Wörishofen (1980)

d. Nutzpflanzen:

Körber-Grohne U., Nutzpflanzen in Deutschland, Konrad Theis Verlag, Stuttgart (1988)

e. Bestimmungsbücher zum Selbstsammeln:

Aichele D., Was blüht denn da? Kosmos Naturführer, Franck'sche Verlagshandlung, Stuttgart (1973)

Aas G., Riedmiller A., GU Naturführer Bäume, Gräfe und Unzer Verlag, München (1989)

Laux H. E., Geschützte und bedrohte Pflanzen, Wiss. Verlagsges., Stuttgart (1988)

Laux H. E., Wildbeeren und Wildfrüchte, Franck'sche Verlagsbuchhandlung, Stuttgart (1982)

Fitter R., Fitter A., Blamay M., Parays Blumenbuch, 2. Aufl. Verlag Paul Paray, Hamburg, Berlin (1986)

Reisigl H., Keller R., Alpenpflanzen im Lebensraum, Gustav Fischer Verlag, Stuttgart (1987)

Schauer Th., Caspari C., Pflanzenführer, BLV Bestimmungsbuch, BLV Verlagsges., München, Wien, Zürich (1978)

Seidel D., Eisenreich W., Foto-Pflanzenführer, BLV Bestimmungsbuch, BLV Verlagsges., München, Wien, Zürich (1985)

f. Weiterführende wissenschaftliche Literatur:

Braun H., Heilpflanzen-Lexikon für Ärzte und Apotheker, Gustav Fischer Verlag, Stuttgart (1987)

Consilium Cedip Naturheilweisen, Cedip Verlagsges.mbH, München (1985)

Fintelmann V., Phytotherapie – vom Betäubungsmittel zum Hausmittel, Medizinische Aspekte, APV-Kurs 438 (1988)

Frohne D., Pfänder H. J., Giftpflanzen, Wiss. Verlagsges.mbH, Stuttgart (1987)

Fröhlich H. H., Müller-Limmroth W., Physikalische Untersuchung zur thermotherapeutischen Wirkung des Kneippschen Heusacks, Mch. med. Wschr. 117 (1975) 443 - 448

Hänsel R., in Brüggemann W., Kneipptherapie, Springer Verlag, Berlin, Heidelberg, New York, Tokio (1986)

Hänsel R., Haas H., Therapie mit Phytopharmaka, Springer Verlag, Berlin, Heidelberg, New York, Tokio (1983)

Hentschel H. D., Heublumen-Anwendungen bei rheumatischen Erkrankungen, Physikal. Therapie, Jhg., 2 (1988), S. 69-77

Kneipp Symposion: Wissenschaftl. Arbeiten über Phytotherapie, Würzburg (1983)

Pahlow M., Heilpflanzen in der Apotheke, Deutscher Apotheker Verlag, Stuttgart (1985)

Steinegger E., Hänsel R., Lehrbuch der Pharmakognosie und Phytopharmazie, Springer Verlag, Berlin, Heidelberg, New York, Tokio (1988)

Strasburger E., Lehrbuch der Botanik (1991)

Weiss R. F., Lehrbuch der Phytotherapie, Hippocrates Verlag, Stuttgart (1985)

Wichtl M., Teedrogen, Wiss. Verlagsges.mbH, Stuttgart (1989)

g. Zeitschriften:

Pharmazie in unserer Zeit, VCH Verlagsges.mbH, Weinheim
Zeitschrift für Phytotherapie, Hippocrates Verlag GmbH Stuttgart
Deutsche Apotheker Zeitung, Dtsch. Apotheker Verlag, Stuttgart
Pharmazeutische Zeitung, GOVI Verlag GmbH, Eschborn

h. Bücher über Pflanzenphotographie

Jung A., Pflanzenphotographie, Verlag Paul Paray, Berlin und Hamburg (1982)

Pott E., Hohe Schule der Naturphotographie, Umschau Verlag Breidemstein GmbH, Frankfurt am Main (1991)

Herzlichen Dank Herrn Hansjörg Hackel für die hilfreichen botanischen Hinweise.

Der Autor:

Dr. Hans Horst Fröhlich, 1942 in Aschaffenburg geboren, lebt seit 1972 in Bad Wörishofen. Als Apotheker leitet er dort die Kneipp-Apotheke und die Teefabrik der Kneipp-Werke. Aus seinen Erfahrungen mit der Kneippschen Phytotherapie entstand der Textteil. Die Fotos sind das Ergebnis zahlreicher Pflanzenexkursionen des begeisterten Hobby-Naturfotografen.
Anschrift: Kneipp-Apotheke, Kneippstraße 2, 86825 Bad Wörishofen

Photos:
Dr. Hans Horst Fröhlich

Kamera:
Minolta AF 700 Minolta AF Lens 28-135 mm
Minolta AF Lens 50 Macro
Film:
Fujichrome DX ISO 100

© 1993 »Sebastian Kneipp« Gesundheitsmittel-Verlag GmbH, Würzburg

Umschlaggestaltung: Hans Holzmann
Herstellung: ⊪ Holzmann Druck, 86825 Bad Wörishofen

ISBN 3-921478-01-4

Printed in Germany